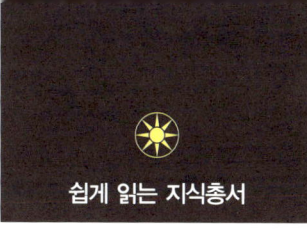

쉽게 읽는 지식총서

세계 신화
(世界 神話)

惠園出版社

쉽게 읽는 지식총서 세계 신화

지은이 | 안네로제 지크
옮긴이 | 한영란
펴낸이 | 전채호
펴낸곳 | 혜원출판사
등록번호 | 1977. 9. 24 제8-16호

편집 | 장옥희 · 석기은 · 전혜원
디자인 | 홍보라
마케팅 | 채규선 · 배재경 · 전용훈
관리 · 총무 | 오민석 · 신주영 · 백종록
출력 | 한결그래픽스
인쇄 · 제본 | 백산인쇄

주소 | 경기도 파주시 교하읍 문발리 출판문화정보산업단지 507-8
전화 · 팩스 | 031)955-7451(영업부) 031)955-7454(편집부) 031)955-7455(FAX)
홈페이지 | www.hyewonbook.co.kr / www.kuldongsan.co.kr

Mythologie by Annerose Sieck

ISBN 978-89-344-1015-7 04210

쉽게 읽는 지식총서

MYTHOLOGY

세계 신화

안네로제 지크 지음 / 한영란 옮김

혜원

목차

Ⅱ. 로마 신화

III. 게르만 신화

I

그리스 신화

인간의 본성은 이성적으로 정리가 되지 않는 낯선 현상들에 대해서 최소한의 감성적인 설명을 찾으려 한다. 초기 그리스인들도 다른 방법이 없었기 때문에 신화와 같은 이야기를 꾸며내었다. 의혹이 생기거나 불명확한 것을 없앤 이야기들, 자연현상을 설명해주는 이야기들이 만들어졌다. 그리고 사람들은 거기에서 일상에 도움이 되는 실용적인 조언을 얻어내었다.

파르테논 신전, 아테네

1. 신들에 관한 작품

기독교나 무슬림, 유대교와 달리 고대 그리스인들은 하나의 신에만 의존하지 않았다. 고대 그리스인들이 남긴 수많은 작품에서 신과 정령들을 만날 수 있는데, 그들은 충만한 수확이나 뜻밖에 찾아오는 사랑의 행운처럼 벼락을 성스러운 것으로 받아들였다.

전체가 모여 거대한 가족을 형성하는 수많은 하늘의 존재들이 그들이 사는 세계의 모습을 결정한다고 생각했다. 몇몇 선택된 자들만이 인간과 비슷한 신의 형상, 즉 현실을 넘어서는 초월적인 존재로 나타나는 것이라고 믿었다. 구두로만 전해지던 그들의 존재와 영향력에 대한 이야기는 세월이 흘러 뛰어난 작가들의 작품으로 탄생하였다. 후세에 생생한 언어로 전달될 수많은 전설과 신화들이 만들어진 것이다.

BC 650년까지 세 편의 고전 신화집이 만들어졌다. 그 중에서 가장 유명한 책으로 호메로스(Homeros)의 《일리아드 *Iliad*》와 《오디세이 *Odyssey*》, 시인 헤시오도스(Hesiodos)의 《신통기(神統記) *Theogony*》가 있다.

호메로스

1) 고대의 근원

신화의 전승과 그 문화의 역사는 BC 2000년 전까지 거슬러 올라간다. 소아시아에서 건너와 그리스 이전부터 살던 사람들과 북쪽에서 내려온 인도유럽계의 그리스인들은 믿음에 대한 상상을 융화하였다. 그 안에서 신화의 근원을 찾을 수 있다.

2) 미노스 문화

BC 2600년경부터 강한 모계제도에 기반을 둔 문화가 에게 해 지역을 점령하였다. 그 후 BC 1600년경 아카이아(Achaea) 종족이 그리스로 밀려 들어와 호메로스풍의 공식적인 종교에 대한 기본 틀을 마련했다.

BC 1400년까지 계속되었던 전설적인 미노스 왕의 이름을 딴 미노스 문화의 중심지는 크레타 섬이다. 크노소스, 파이스토스, 말리아, 하기아 트리아다와 같은 궁정 시설들의 발굴은 그 당시의 앞선 경제와 문화를 보여주었다. 또한 이러한 궁정문명은 앞서 언급한 아시아 부족과 경제적이며 문화적인 교류를 유지하고 있다. 이 평화로운 세계에서는 여성들의 의견이 매우 중요하게 반영되었다.

섬에 거주하고 있는 사람들은 모든 것이 영혼과 결부된다고 생각했다. 이러한 것은 일련의 이야기들에서 대상이나 동물들을 인간의 형상으로 다루며 비유적인 이해를 강조하였다. 이러한 수많은 전설들이 후에 고전적인 그리스 신화 속에 받아들여졌다.

성스러운 나무나 정기적으로 스포츠 격투장에서 볼 수 있는 황소와 같은 신성한 동물, 그리고 여신 같은 것들을 동굴이나 산 또는 궁전에 모셨다. 이 중에서도 특히 풍요의 여신이자 부엉이의 눈을 가진 미노스의 아테나와 소의 눈을 가진 헤라가 가장 주목을 받았다. 동물들의 여주인은 뱀과 함께 묘사되기도 하고 사자로 장식되기도 했다.

프레스코 "백합의 왕자", 크노소스

❗ 죽음의 예식

크레타에서는 죽음의 예식이 중요한 의미를 가진다. 사람들은 죽은 사람의 마음을 평온하게 해주려고 애쓴다. 거대한 원형 건물(반구형의 묘석)에 매장되는 지배자들에게는 저승(엘리시온, Elysion)으로 가는 길을 도와주는 무기나 음식, 보석, 옷 등 엄청나게 많은 부장품들을 함께 매장하여 그들을 기쁘게 하였다. 이때 대모라고 불리는 미노스의 풍요의 여신이 죽은 이들을 지켜주었다.

3) 미케네 문화

북쪽에서 이주한 종족들은 미노스 문화와 상당히 대조적인 그들 자신만의 종교적인 상상을 가져왔다. 인도게르만 문명은 남성들이 지배하는 세계로 표현된다. 미케네 시대의 문화적 요충지는 티린스와 미케네 그리고 오르코메노스에 있는 지배자들의 시설로, 요새화된 성의 내부에 있는 직사각형의 주실 메가론은 전쟁을 위해 고용된 남자들의 모임장소였다. 비록 미케네 문화가 풍요의 여신들의 숭배와 나무숭배와 같은 몇 가지 믿음에 대한 생각을 크레타로부터 전수받았다고 하더라도 미케네 종교(코린트 남쪽에 있는 도시 미케네의 이름을 땄다)는 그리스 이전의 종교와 본질적으로 구별된다.

제우스(최고의 인도게르만 천상의 신에 대한 그리스식 형상)는 북쪽 펠로폰네소스 지역에 위치한 그리스 본토에 가부장적인 미케네 사회질서를 뿌리내리게 했다. 아테나는 제우스의 옆자리를 차지하게 되었는데, 이 크레타의 뱀의 여왕은 미케네의 궁중 여신이자 왕의 개인적인 수호신으로 발전하였다. 또한 미노스 신앙에서 식물 성장의 여신이던 헤라는 미케네 신앙에서는 티린스의 궁중 여신으로 자리를 잡게 된다. 그로 인해 두 여신은 그들이 가지고 있던 고유의 풍요의 여신으로서의 특징을 잃어버린다.

크레타의 항해권을 이어받은 미케네인들은 시칠리아, 남부 이탈리아, 키프로스, 소아시아, 시리아, 팔레스티나, 이집트와 상거래를 통해 접촉을 하게 된다.

BC 1200년에 미케네의 성들은 침략자들에게 약탈을 당하고 소실된다. 도리스의 이주와 함께 미케네 문화는 역사의 한 장으로 사라져버렸다.

소위 말하는 암흑의 시기가 끝나갈 무렵, BC 800년경까지 그리스에는 통일된 신앙이 없었다. 모든 도시가 고유의 판테온(가장 중요한 지역 신들의 무리)을 가지고 다양한 제식과 축제를 벌였다. 고대의 민간신앙은 BC 800년 이후 미노스의 풍요와 죽음의 여신들을 숭배하였고 그와 함께 그리스 이전의 사상과 그리스의 사상을 혼합한 독특한 제식들이 존재하였다.

호메로스 신화

통일적인(호메로스 신화) 종교는 그리스 도시국가(폴리스)의 생성과 함께 형성된다. 작가 호메로스가 독립된 신화를 결합하고 새로운 것을 만들어낸 것이다. 그는 영웅들의 서사시를 통해 그리스의 신화 세계를 체계화하였다. 이러한 결합으로 신들의 전설이 완전한 모습을 갖추게 되었다. 신들은 엄격한 계급제도로 이루어진 신들의 나라인 올림포스에서 살고 있으며 영원불멸의 존재이다. 호메로스에 의해 널리 퍼져나간 남성들의 권위가 지배적인 귀족 종교는 계급적으로 구조화된 사회의 반영이라고 하겠다.

호메로스가 만든 올림포스 십이신의 체계는 그리스의 문화 속으로 점점 더 널리 확산되었다. 그럼에도 불구하고 일반 농민들과 지역주민들은 그 체계를 거의 수용하지 않았다. 사람들은 지역적 신성을 신봉했기 때문이다. 다양한 비밀의식에서 쏟아지는 신앙에 대한 생각들은 사람들에게 새로운 삶을 일깨웠다.

? 알고 넘어가기

호메로스의 서사시와 반대로 BC 700년에 태어난 작가 헤시오도스는 작품 《신통기》에서 신들을 삶을 즐기며, 인간에게 친절하기보다는 보편적으로 인간 위에서 군림하는 권력으로 묘사하고 있다. 헤시오도스는 처음으로 신들과 인간의 기본 바탕을 설명하였다.

2. 그리스 종교의 특징

그리스 종교는 어떤 시대에도 다른 종교에 폐쇄적이지 않았다. 다양한 종교적 예식과 사상의 영향, 그것의 혼선과 통합이 존재했다. 그러한 모습이 고대부터 고대 후기까지 그리스인들의 신앙에 대한 상상의 특징이었다. 호메로스의 작품과 그 안에 포함된 신화들은 빠르게 확산되어 실질적으로 전체 그리스의 공간을 장악한다.

1) 올림포스(Olympos) 십이신

그리스인들에게 가장 큰 영향력을 미치는 열두 신들은 그리스 북부 테살리아의 올림포스산(Olympos Mt.)에 살고 있다. 올림포스산의 이름을 따서 올림포스 십이신이라 부르는 그 신들은 어마어마한 무리의 구름 떼로 이루어져 있는 올림포스의 문 너머에 산다고 한다. 올림포스의 문 앞은 계절의 여신 호라이(Horai)들이 보초를 서며, 신들이 지상으로 여행을 떠날 때마다 배웅을 하거나 마중을 한다고 한다. 하지만 평범한 인간, 즉 죽을 수 있는 자들은 절대로 신들의 나라에 들어설 수 없다. 올림포스 십이신 중에는 헤르메스도 포함되며 그들은 포괄적인 권력과 직속관할권을 가지고 있었다.

포세이돈, 제우스, 헤라, 하데스, 아테나, 아레스, 아프로디테, 헤르메스, 아르테미스, 아폴론, 헤파이스토스(왼쪽에서부터 오른쪽으로)

제우스를 중심으로 오른쪽에는 헤라, 아레스, 아프로디테, 헤파이스토스, 헤르메스, 데메테르, 왼쪽에는 포세이돈, 아테나, 아폴론, 아르테미스, 디오니소스가 늘어선다.

2) 신들의 의미

올림포스에 사는 천상의 신들은 모두 다 그리스인들의 삶과 관련된 기본적인 역할을 맡고 있었다. 사적이고 공적인 삶이 모두 그들의 선의에 달려 있었다. 그리스인들 사이에는 세상을 지배하는 신들이 인간들의 운명에도 지대한 영향을 끼친다는 믿음이 널리 확산되어 있었다.

3) 신과 인간의 관계

신들은 인간들의 삶에 개입한다. 그들은 실제로 존재하며 인간과 소통할 수 있었다. 그리스인들의 상상에 따르면 신들의 개입은 인간의 행동이 선한지 나쁜지에 달려 있는 것이 아니라고 한다. 신들은 너그러울 수도 있지만 또한 잔인하며 고통과 재앙과 같은 복수를 자아내기도 한다. 이러한 이유만으로도 신들은 우상이나 성인(聖人)으로 인정받지 못했다. 사람들은 신들의 관대함을 바랐

아폴론

지만 신들의 꼭두각시가 아니라 자유로운 존재가 되고자 하였다.

4) 신과 인간의 차이

신과 함께 생활하는 그리스인들은 신들의 강인함과 권력을 잘 알고 있지만 신들에게 기적을 바라지는 않았다. 그 이유는 다음과 같다. 올림포스신이나 다른 신들은 인간보다 월등히 강하지만 신들의 권력이 무한한 것은 아니었다. 신들은 단지 미래를 알고 있으며 한 곳에서 다른 곳으로 빨리 이동할 수 있다는 이점을 가지고 있을 뿐이다.

그리스인들은 신과 인간 모두를 땅의 아이들이라고 믿었다. 그렇기 때문에 인간과 비슷한 기질을 가진 천상인들이 조형미술이나 회화에서 인간처럼 묘사된 것이다. 하지만 신과 인간은 엄청난 차이가 있었다. 올림포스의 신들은 인간이면 누구나 두려워하는 질병, 노화 그리고 죽음과는 거리가 멀었다. 그들은 불멸의 힘과 미를 소유하고 있었고, 그렇기 때문에 인간은 경외심을 가지고 그들을 대하며 존중하였다.

5) 선과 악

인간은 소원을 빌 때 그 소원을 들어줄 수 있는 정해진 신을 부른다. 모든 재앙이나 모든 행운에 대해서도 신들이 책임을 진다. 고대 그리스에는 기독교의 선과 악처럼 선한 신과 악한 신이 존재하지 않았다. 올림포스 십이신 모두가 선하기도 하고 악하기도 했다. 그들은 각각 자신 안에 두 가지 존재의 특징을 지니고 있으며 그런 점에서 인간과 비슷했다. 그렇기 때문에 신앙심이 깊다는 것은 하나의 신을 사랑하는 것이 아니라 모든 신에 대해서 경외심을 가지는 것을 말했다.

6) 독단적이지 않은 형태

그리스 종교에는 기독교처럼 신의 존재를 해석하고 인간들을 가르치는 예언가들이 없었다. 또한 성경과 같은 신성한 글이 존재하지도 않았다. 신들에게 바치는 의식, 기도와 숭배의 형태는 구전으로 전달되었다. 특권을 가진 중앙조직의 신녀들은 그리스 종교에서는 그다지 많은 역할을 하지 못했다. 하지만 예언가와 시인들은 신화를 퍼뜨리는 데에 결정적인 역할을 하였다. 뿐만 아니라 예언가들은 특수한 상황에서 조언가가 되어주기도 했다.

7) 관대함

그리스 종교에는 다른 종교의 기본 바탕인 하나의 체계나 엄격한 계급구조 같은 것이 존재하지 않는다. 오히려 그들의 신앙 세계에는 관대함과 함께 개인적인 자유라는 특징이 두드러질 뿐이다. 그리스인들에게는 질서관념, 예배의식 같은 것이 참회나 속죄만큼 낯설었다. 올림포스의 신을 부르는 자는 실용적인 조언을 기대했을 뿐 죄를 고해하지도 않았고 참회를 하지도 않았다. 그런 생각은 고대 그리스인들에게는 아주 낯선 것이었다.

그리스 종교는 다른 종교에 비해 매우 관대했으며 새로운 종교적인 발전을 받아들이거나 그것이 요구하는 숭배의식에도 기꺼이 편입하였다. 이것 아니면 저것이라는 양분법은 그리스인들의 머릿속에는 들어있지 않았다.

8) 종교와 국가의 결합

아테네와 스파르타 같은 폴리스 국가에서는 종교, 정치, 경제, 전쟁과 평화의 분리를 절대로 생각할 수 없었다. 종교적인 행위는 사회에 편입되어 모든 삶의 영역과 결합되어 있었기 때문이다. 그렇기 때문에 은밀한 자기반성의 기도를 제외하고는 모든 종교 의식이 공식적으로 거행되었다. BC 5세기 말까지 폴리스에서는 개인적인 신의 숭배는 무례한 행동으로 여겨졌다.

> **! 현세에 대한 생각**
>
> 호메로스식 종교는 현재의 삶을 가리킨다. 저승이 아니라 지금 이곳, 지금의 삶과 결합된 충만하고 행복한 삶이 의미를 가졌다.

9) 남자들의 일

여자들의 역할이 중심이 되던 미노스 시대와는 달리 남자들이 그리스 종교를 지배하게 되었다. 아이를 낳을 수 있는 능력을 가진 여성들을 순수하지 않다고 여기게 되면서 남성과 여성의 참여가 구분된 의식과 축제가 만들어졌다.

3. 올림포스 십이신

BC 8세기경부터 호메로스의 영향 아래에 위대한 올림포스의 신들에 대한 생각이 모든 그리스 문화 안에서 확고히 자리를 잡았다. 그러나 자신들이 사는 지역의 신을 숭배하는 소시민과 농부들에게는 많은 영향을

아테네의 파르테논 신전　　　　　　델포이의 아폴론 신전

미치지 못했다.

　이것은 그다지 놀라운 일은 아니다. 왜냐하면 호메로스의 주요 신들은 미케네 시대로 거슬러 올라가 처음 시작되는 것으로 일단 귀족들의 신이었기 때문이다.

　올림포스의 화려한 궁전에서 살아가는 위대한 신들은 더 이상 자연속의 신성한 장소, 즉 동굴이나 개울가에서 숭배되지 않았다. 인간의 손으로 만든 올림포스의 제우스 신전과 헤라 신전, 아테네에 있는 파르테논 신전과 델포이(Delphoe)의 아폴론 신전 같은 곳에서 올림포스의 신들을 위한 숭배가 이루어졌다.

1) 제우스(Zeus) - 신과 인간의 주인

　그리스 최고의 신 제우스는 인간이 닿을 수 없는 올림포스산 위의 궁

크로노스에게 돌덩이를 주는 레아

전 안에 머물고 있다. 제우스는 크로노스(Kronos)와 레아(Rhea)의 막내아들이며 포세이돈(Poseidon), 하데스(Hades), 헤스티아(Hestia), 데메테르(Demeter)와 헤라(Hera)의 동생이다.

티탄신족(Titan神族, 거인족)인 그의 부모는 대지의 여신 가이아(Gaia)와 천상의 신 우라노스(Uranos) 자식이었다. 올림포스신들 이전에는 그들이 최초의 '진정한' 신들이었다. 하지만 그들은 그다지 오랫동안 세상을 지배하지 못했다. 왜냐하면 곧바로 신들의 전쟁이 시작되었기 때문이다. 티탄신족 중 가장 중요한 인물은 크로노스와 레아였으며 대부분의 다른 티탄신족과 마찬가지로 형제와 배우자들이 중요한 역할을 하였다.

신화에 따르면 아버지 우라노스를 죽이고 세계를 지배하게 된 크로노스는 아들 중 한 명이 자신을 죽일 것이라는 예언을 듣게 된다. 예언을 막기 위해 크로노스는 아내 레아가 아이들을 낳자마자 그 자리에서 통째로 꿀꺽 삼켜버렸다. 그렇게 크로노스는 태어나는 자식들을 모조리 잡아먹었다. 레아는 제우스를 낳았을 때 크로노스로부터 아이를 보호하기 위해서 아들 대신 돌을 배내옷에 아기처럼 싸서 크로노스에게 주어 삼키게 하였다. 그러고는 아들 제우스를 크레타 섬의 산중에서 몰래 키웠다. 갓난아기의 울음소리가 들리지 않게 하려고 레아는 젊은 반신들을 동굴 앞에서 춤추고 노래하게 하였다. 그리스의 가장 위대한 신이 될 제우스는 염소젖과 꿀을 먹으며 건강하게 자랐다.

살아남은 제우스는 자신의 아버지 크로노스의 뱃속에서 형들과 누이들을 구해내었다. 이때 영리함의 여신 메티스(Metis)가 크로노스에게 구토제를 건네주어 제우스를 도왔다. 제우스는 우라노스에게 사로잡힌 크로노스의 형제들을 구출해준 대가로 천둥과 번개라는 강력한 무기를 얻게 되었다. 결국 제우스를 비롯한 젊은 신들과 크로노스와 다른 거인족들 사이에 기나긴 전쟁이 시작되었고, 제우스는 백 개의 팔을 가진 거인 헤카톤케이르(Hekatoncheir) 형제의 도움으로 전쟁에서 승리하였다.

제우스는 크레타 산의 요정들에게 키워졌다.

제우스와 그의 형제들은 세계의 지배권을 갖게 되었다. 하지만 대지의 여신 가이아는 두 번씩이나 새로 만들어진 질서를 수포로 돌아가게 하려 했다. 가이아에 의해 우라노스의 핏방울로 세상에 태어난 티탄신족, 거대한 거인들의 무리가 천상신들의 지배권에 대항해 맞서 싸웠다. 하지만 그들은 올림포스신들에 의해 처참한 패배를 맞게 된다. 마지막으로 가이아는 불을 내뿜는 100개의 용의 머리를 가진 괴물 티폰(Typhon)을 보냈다. 티폰을 보는 순간 대부분의 올림포스신들은 재빨리 도망을 쳤지만 제우스는 티폰에게 번개를 쏘고 에트나 산을 던져 괴물을 무찔렀다.

❓ 알고 넘어가기

에트나 산이 반복해서 화산 폭발을 일으키는 원인은 몸부림치는 괴물 티폰이 지금까지도 시칠리아 산에서 불을 뿜기 때문이다.

승자는 더 이상 그 어느 누구도 범접할 수 없는 자신만의 세계 지배권을 확보하게 되었다. 포세이돈은 바다에 대한 권력을 지니게 되었고, 하데스는 사후 지하세계를 돌보게 되었으며 제우스는 하늘에 대한 지배권을 가지게 되었다. 그들은 대지와 올림포스를 공동으로 나누었고, 제우스는 신과 인간의 아버지로서 올림포스신들 중 최고신의 자리에 오르게 되었다. 절대적인 지배자로서 그는 물리적으로나 정신적으로 가장 강한 최고의 힘을 통일하였다.

임무

제우스라는 이름은 명확한 의미를 가진 여러 이름들 중 하나이다. 제

제우스 신전

우스 디오스(Zeus Dios)는 신성한 천상의 신과 같은 의미를 가진다. 이름에 들어 있는 디(di)는 그리스어 아름다운 날씨(eudia)에서 나온 말이다. 그리고 라틴어에서는 낮(dies)이라는 단어에서 유래되었다.

하늘과 날씨를 지배하는 신으로서 제우스는 바람, 폭풍, 번개와 천둥을 내보낸다. 하지만 운명과 신탁의 신으로도 활동하고 있다. 올림피아에 있는 제우스 신전에서 예언자인 펠롭스(Pelops)와 오이노마오스(Oenomaus)와 함께 묘사되기도 한다. 제우스는 저울의 도움을 받아 개인이나 군사의 운명을 가늠할 수 있었다.

제우스는 근본적으로 어느 누구의 편도 들지 않는 유일한 신이었기 때문에 일종의 판사와 같은 역할을 했다. 또한 맹세의 신으로서 집과 가족 그리고 체류권의 보호자이기도 했으며 보호가 필요하거나 도망을 다니는 사람들을 도와주는 신으로 나타나기도 했다. 게다가 제우스는 도시, 국가 그리고 법을 지켰다. 올림포스산의 이 막강한 지배자는 예전의 미케네 왕처럼 평화와 질서를 돌보았다. 물론 제우스는 분노의 발작과 복수심으로도 유명한 신이었다.

백조로 변해 레다를 유혹하는 제우스

제우스의 연인들

제우스의 아내 헤라에게 남편과 함께 산다는 것은 그다지 쉬운 일이 아니었다. 왜냐하면 사랑에 굶주린 제우스가 결혼의 성스러움을 제대로 받아들이지 않았기 때문이다. 게다가 그는 수많은 그의 연인들에게 다양한 형상으로 접근을 시도했다. 황소의 모습으로 변해 유로파(Europa)를 유혹했고, 아름다운 백조로 변해 레다(Leda)에게 접근했으며 다나에(Danae)에게는 황금비로 다가가고 안티오페(Antiope)에게는 인간의 형상을 한 말 사티로스가 되어 접근했다.

티탄인 테미스(Themis)와의 정사로 계절의 여신 호라이와 운명의 여신 모이라이(Moira), 황금사과밭을 지키는 요정 헤스페리데스(Hesperides) 그리고 자유로운 자연의 여신 님프가 태어난다. 디오네(Dione)는 사랑과 미의 여신 아프로디테를 낳는다. 므네모시네(Mnemosyne)는 제우스로부터 아홉 명의 뮤즈들을 임신한다. 에우리노메(Eurynome)는 용기와 축제의 기쁨을 가져다주는 자비의 여신인 삼미신을 낳는다. 대지의 여신 데메테르는 마법과 독살의 여신 헤카테(Hekate)와 지옥의 여왕 페르세포네(Persephonē)를 낳는다. 티탄족의 여신 레토(Leto)는 아폴론과 아르테미스를 낳는다.

제우스의 정식 아내로 인정받은 헤라는 군신 아레스(Arēs), 불과 대장장이신 헤파이스토스(Hephaestos), 청춘과 봄의 여신 헤베(Hebe)와 분만의 여신 에일레이티아(Eileithyia)를 낳는다.

테미스

⚠ 고달픈 배우자

수많은 사랑의 모험에도 불구하고 제우스는 그리스의 모든 엘리트 남자들처럼 자신의 가족을 존중했다. 물론 다른 부부들도 제우스와 헤라처럼 심각한 의견 충돌이 일어날 수도 있을 것이다.

신화에 따르면 엄격한 지배자 제우스는 그의 아들 헤파이스토스를 바다에 던져버린 적도 있다고 한다. 아들이 아버지에 대항하여 어머니의 편을 들었기 때문이다.

제우스와 테티스

묘사와 숭배

제우스는 대부분 길고 뾰족한 수염, 번개꾸러미 그리고 황금을 박아 장식한 왕홀을 지니고 왕좌에 앉아 있는 장엄한 모습으로 묘사된다. 아마 조각가 페이디아스(Pheidias)[1]의 제우스에 대한 묘사가 가장 유명할 것이다. 페이디아스는 황금과 상아로 제우스의 조각상을 완성했다. 이 작품은 올림포스의 제우스 신전에 모셔 놓았지만 유감스럽게도 더 이상 현존하지 않는다. 아폴론이나 데메테르와 같은 다른 신들과 대조적으로 제우스의 축제와 숭배는 그렇게 많이 볼 수 없다. 하

아테나 파르테노스, 페이디아스 원작의 복사

지만 사람들은 세상의 막강한 지배자 제우스를 다른 어떤 신들보다 숭배했다.

2) 헤라(Hera) – 올림포스의 여왕

신들의 아버지 제우스의 누이이자 아내인 헤라는 올핌포스에서 가장 막강한 권력을 가진 여성이다. 헤라라는 이름은 '여주인'이라는 의미를 가지고 있다. 고대 그리스 사람들은 제우스신보다 먼저 헤라 여신을 숭배했다. 올림피아에 있는 헤라의 신전 헤라이온은 BC 6세기에 만들어진 것으로 그곳에는 유명한 예술가 폴리클레이토스(Polykleitos)[2]가 만든 황금

제우스와 헤라

상아로 된 거상이 있었다.

미케네 시대부터 헤라는 가축과 뱃사람들을 다스리는 여주인으로서 중요한 역할을 맡고 있었다. 그렇기 때문에 헤라를 위한 수많은 성전들이 하천 평야에서 발견되고 있는 것이다. 헤라의 성전에서는 헤라가 가장 사랑한 식물인 버드나무가 자란다.

이처럼 헤라 여신을 숭배하던 장소들은 위치적으로 소와 말에 대한 그녀의 결속을 보여주고 있다. 헤라에게 바치는 신성한 제물은 소였으며, 헤라는 선원의 여신으로서 호메로스 이전 시대부터 바닷가 근처나 항구에서 숭배되었다.

임무

헤라는 제우스의 아내로서 달과 대지 그리고 공기의 여신으로 숭배되었다. 호메로스에게 헤라는 무엇보다도 결혼, 집 그리고 가정의 수호신이었다. 그러나 헤라는 다른 사람들의 결혼이나 가정을 도와주기는 했지만 스스로의 결혼은 성공적이지 못했다. 헤라와 제우스의 결혼 생활은 폭풍우가 몰아치는 날씨 같았다.

헤라의 남편인 제우스는 끊임없이 다른 여성들을 만나면서 그녀를 속였고, 헤라는 그때마다 무섭게 질투를 했다. 헤라의 질투 때문에 제우스는 올림포스의 홀에 그녀를 매달아 놓고 모두가 볼 수 있게 해 다른 신들 앞에서 그녀를 웃음거리로 만들기도 하였다.

특징과 묘사

아레스, 헤파이스토스, 헤베와 에일레
이티아의 어머니인 헤라는 일반적으로
친절한 신들의 여왕의 모습으로 나타난
다. 하지만 그녀는 무서운 질투와 함께
분노를 폭발시키는 거친 성격을 가진 것
으로도 유명하다. 무엇보다도 그녀의 질
투는 남편인 제우스에 관한 일에서 가장
격하게 나타났다. 미움과 견고함이 그녀
의 대표적인 성격이기도 하다. 트로이(트
로야)의 몰락 후에 헤라는 너무 화가 난
나머지 아프로디테의 아들 아이네이아

헤라의 신조인 공작새와 함께

스(Aeneas, 트로이의 영웅으로 로마의 건설자 : 옮긴이)와 트로이의 도망
자들을 이탈리아까지 추격하기도 했다.

헤라는 대부분 크고 위풍당당한 옷을 갖춰 입은 모습으로 묘사된다.
그녀를 표현하는 가장 중요한 특징으로는 장식머리띠, 왕홀, 나뭇가지
와 공작을 들 수 있다.

포세이돈 신전

3) 포세이돈(Poseidon) – 바다의 주인

포세이돈은 미케네 시대 이전부터 사람들에게 숭배되던 바다의 신이었다. 그를 둘러싼 숭배와 신화는 대부분 펠로폰네소스에서 유래하고 있지만 에비아 섬 등 에게 해의 섬에서 유래하는 것도 있다.

제우스가 세계의 지배권을 차지했을 때 그는 자신의 형인 포세이돈을 바다와 강, 호수 그리고 샘을 지배하는 신으로 임명하였다. 제우스와 함께 포세이돈은 대지의 공동지배자가 되었다.

포세이돈의 상징인 삼지창은 바다의 신이 자신의 적들에게 겨누던 무기이다. 포세이돈은 삼지창으로 바다를 휘저어 폭풍을 일으키기도 하였다. 포세이돈은 평화를 유지하거나 부드러운 신은 아니다. 그렇기 때문에 인간들은 바다의 거센 폭풍이나 지진과 화산 폭발과 같은 자연재앙에 대한 책임을 포세이돈에게 돌렸다. 어부들은 항해를 나가기 전에 바다 위의 거친 파도에서 아무 탈 없이 살아남을 수 있도록 포세이돈에게 은혜를 베풀어 줄 것을 청하였다.

헤라, 아테나와 함께 포세이돈은 말의 신이기도 하다. 날개 달

페가수스에 고삐를 매는 헤르메스와 아테나

린 말 페가수스(Pegasus)는 괴팍한 성격의 신 포세이돈의 후손이며, 이 난폭한 신은 기꺼이 말로 변신하여 나타나곤 했다. 포세이돈은 미케네 시대 이전부터 황소를 선호했다.

포세이돈은 도시들의 연맹의 신이고 에올리아인이나 에비아인과 같은 다양한 종족의 선조이다. 게다가 성장하는 남자아이들의 수호신이기도 하다. 인간은 경외심을 갖고 포세이돈을 숭배하였다.

포세이돈의 연인들

포세이돈은 대부분의 예술에서 아름답고 근육이 발달된 신으로 묘사된다. 포세이돈은 그의 형 제우스처럼 일부일처제를 중요시하지 않았다. 심지어 누이인 데메테르조차도 포세이돈의 앞에서는 안전하지 못했다. 포세이돈은 데메테르에게 다가가기 위해서 수말의 모

트리톤

포세이돈 석상

습으로 변했다. 게다가 암피트리테(Amphitrite)의 경우는 그녀가 순결의 서약을 했음에도 불구하고 결국 그녀와 결혼했다. 그들 사이에서 태어난 아들 트리톤(Triton)은 막강한 사랑의 신이 된다. 포세이돈은 수많은 사랑의 모험을 통해 많은 후손을 낳게 되는데, 그 중에는 하늘을 나는 작은 황금으로 된 숫양과 이상한 피조물이나 괴물들도 있었다.

포세이돈의 원래 거주지는 자신의 아내와 함께 사는 에게 해의 깊은 바닷속 거대한 궁전이었지만 대부분은 올림포스에서 체류하였다. 포세이돈의 추종자들로는 네레이스(바다의 요정)[3]나 트리톤(반인반어의 해신) 같은 50명의 친절한 바다 요정과 바다에 사는 모든 것들을 꼽을 수 있다.

특징

포세이돈은 용맹함은 투사의 본능을 가진 다른 신들과 비교해도 절대

뒤처지지 않는다. 포세이돈은 올림포스의 다른 신들과 함께 트로이 전쟁에도 출전하였다.

하지만 언제나 자신의 형인 제우스신과의 관계만이 또렷하지 못했다. 포세이돈은 항상 막강한 제우스에게 복종한다. 그러나 가끔씩은 경쟁심으로 인해 서로 다투기도 한다. 티탄족과의 싸움에서 승리한 후 제우스에게 부당한 대우를 받았다고 느낀 포세이돈은 그에게 저항하여 반기를 들지만 결국 수포로 돌아간다.

호메로스의 일리아스에서 바다의 신 포세이돈은 천상의 신 제우스에게 하늘만을 지배하라고 주장하기도 한다. 두 형제의 경쟁은 신들 내부에서 명예를 걸고 공개적으로 거행되는 경기에서도 드러났다. 포세이돈을 위한 코린트지협 경연대회[4]는 제우스의 올림픽 경기와 비교해 아주 조금 뒤처져 있을 뿐 매우 훌륭하다.

포세이돈은 또한 자신의 누이 아테나와의 관계도 썩 좋지 못했다. 두 신이 모두 말과 아티카(Attica) 지붕 장식에 관한 지배권을 요구했기 때문이다. 결국 말과 아티카 지붕 장식의 지배권은 아테나가 차지하게 되었다. 그와 반대로 포세이돈은 아폴론과는 싸우지 않고 합일점을 찾아내었다. 델포이의 신탁을 테나론의 동굴과 맞바꾼 것이다.

묘사

포세이돈은 그리스 미술에서 대부분 삼지창을 손에 든 모습으로 나타난다. 포세이돈의 아름다운 육체는 대체로 거친 외모로 그려진다. 종종 포세이돈은 커다란 조개껍데기로 만들어진 날개 달린 말이 끄는 마차 위에 서 있는 모습으로 표현되곤 한다.

아테네 국립박물관에는 5세기에 만들어진 인상적인 포세이돈 청동상이 있다. 이 청동상은 청동갑옷을 입고 힘이 넘쳐나는 자세를 취하고 있는 포세이돈의 모습을 보여준다.

데메테르

4) 데메테르(Demeter)
– 성장과 풍요로움의 여신

사람들에게 가장 많은 숭배를 받은 그리스의 올림포스 여인들 중의 한 사람이 데메테르일 것이다. 데메테르는 풍요로움과 성장의 여신, 특히 경작과 곡물의 여신이다. 그녀의 이름은 '대지의 어머니' 또는 '곡식의 어머니'를 의미한다.

임무

데메테르는 농촌의 삶과 연관된 모든 일에 관련된 여신이다. 데메테르에 대한 숭배는 그 당시에 농업경제가 사람들에게 얼마나 중요한 가치를 지녔는지 안다면 충분히 짐작할 수 있을 것이다. 한 해의 흉작은 곧바로 기아로 이어졌다. 왜냐하면 사람들에게 식량을 공급할 수 있는 방법은 농업뿐이었기 때문이다. 데메테르는 호메로스의 여신들 중에서 가장 어머니를 닮은 여신이다. 그렇기 때문에 다른 누구보다도 많은 여성들의 숭배를 받았다.

데메테르는 사람들과 밀접하게 연관된 신이었다. 그것은 데메테르가 올림포스보다 대지에서 사는 것을 좋아했기 때문이다. 데메테르는 인간의 생존을 돌보았기 때문에 생명의 기부자로 여겨졌다. 사람들은 데메테르를 레아나 가이아와 비교하기도 하고, 또한 환생과 풍요로움을 상징하는 고대 이집트의 여신 이시스(Isis)와 비교하기도 한다.

페르세포네(Persephonē)

자신의 남동생인 제우스와의 짧은 관계 이후 데메테르가 누구보다도 사랑하는 딸 페르세포네가 태어났다. 어머니와 딸은 우상을 숭배하듯이 서로를 사랑했다. 이러한 친밀한 관계는 헬레네 여성들에게 모범적인 어머니의 모습을 가진 풍요의 여신으로 비춰지도록 했다.

데메테르와 페르세포네는 둘 다 호메로스 찬미가의 주인공들이다. 페르세포네는 지하세계의 신인 하데스에게 유괴된다. 제우스는 이 일을 못 본 척한다. 심지어 제우스는 하데스와 페르세포네의 결혼을 추천하기까지 한다. 절망한 데메테르는 직접 사랑하는 딸을 찾아 나선다. 딸에 대한 걱정으로 그녀는 더 이상 농업을 돌보지 않았고 인간들은 기아에 시달려야만 했다. 엘레우시스(Eleusis)의 왕 켈레우스는 데메테르에게 그녀의 딸이 지하세계로 끌려갔다는 것을 알려준다.

데메테르는 제우스에게 페르세포네를 되찾아달라고 요청한다. 처음엔 모른 척 외면하던 신들의 아버지 제우스는 식량이 부족해진 후에야 태도를 바꾸게 된다. 제우스는 계약을 체결하여 페르세포네가 반년은 지하세계에서, 나머지 반년은 올림포스의 신들의 옆에서 지낼 수 있도록 했다.

호메로스의 신화는 동시에 삶과 죽음의 변화를 상징한다. 데메테르는 그로 인해 죽은 사람과 죽지 않는 사람 사이의 연결점이 되었다. 데메테르는 죽은 사람들과 그들의 죽음을 안내한다.

축제

데메테르와 페르세포네를 숭배하기 위해서 사람들은 파종의 달에 테스모포리아 축제(Thesmophoria)[5]를 열었다. 이는 고대 그리스에서 열리는 가장 중요한 여성들의 축제로 남자들은 그 축제에 참석할 수 없었다.

아테네에서 3일 동안 열린 테스모포리아 축제는 첫째 날에는 여성들이 데메테르의 신전으로 식량과 제식도구 그리고 새끼돼지를 가지고 올라가 그곳에서 제식을 준비한다. 둘째 날에는 금식을 하고 셋째 날에는 여성들이 풍성한 식사를 한 후에 남은 음식물과 다른 희생재물들을 거름수단으로써 제단에 올린다.

가장 중요한 풍요의 여신 데메테르의 신전은 아티카에 있는 엘레우시스이다. 이곳에서는 9월에 여신들을 숭배하기 위해 9일이나 지속되는 축제와 화려한 행렬이 이어졌다. 이 행렬은 데메테르와 페르세포네의 재회를 축하하기 위해서 엘레우시스까지 이어졌으며, 봉헌을 하는 사람들만이 숭배 의식에 참여할 수 있었다. 참가자들은 저승에서의 행복한 삶을 기원했다.

5) 아프로디테(Aphrodite) – 사랑과 미의 여신

아프로디테의 제식은 그리스가 아니라 동양에서 그 유래를 찾을 수
있다. 아프로디테는 소아시아에서 유래하는 어머니 신의 모습을 가진
셈족의 풍요, 사랑 그리고 천상의 여신 아스타르테(Astarte)의 특징과
일치한다.

아프로디테의 탄생에는 두 가지의 전혀 다른 신화가 존재한다. 호메
로스에 따르면 사랑의 여신 아프로디테는 제우스와 디오네의 딸이다.
그러나 헤시오도스에 따르면 아프로디테는 바다의 거품에서 태어났으
며 부드러운 파도에 밀려 사이프러스로 옮겨졌다. 그곳에서 제우스의
딸인 우미(우아하고 아름다운)의 여신들에게 보살핌을 받는다. 티탄족과
의 전쟁에서 이긴 후 아프로디테는 올림포스로 가게 된다.

임무

아프로디테는 다른 신들과 거의 구별이 되지 않을 만큼 많은 임무를
수행한다. 헤시오도스에 의하면 아프로디테 우라니아(Urania)는 신성한
사랑에 대한 임무를 맡고 있다고 한다. 그와 반대로 호메로스는 아프로
디테가 감각적인 사랑에 대한 책임을 가지고 있다고 한다. 그로 인해 아
프로디테는 결혼의 여신이기도 하면서 동시에 매춘의 여신이기도 하다.

아프로디테와 에로스 상

아프로디테의 뒷모습

　아프로디테는 여성들을 성실한 결혼으로 이끌기도 하지만 반면에 이
혼의 유혹에 빠지게도 한다. 아프로디테는 아름다움과 우아함, 매력, 기
쁨 그리고 웃음의 여주인이다. 또 출산의 여신으로서 많은 후세들이 태

어날 수 있도록 하는 데에도 책임을 진다.

아프로디테의 연인들

빼어난 아름다움으로 아프로디테는 올림포스의 모든 남성들을 유혹한다. 제우스도 그녀에게 사로잡혔지만 아프로디테는 제우스의 접근을 거절했다. 분노한 제우스는 아프로디테에게 복수를 꾀한다. 제우스는 사랑의 여신인 아프로디테가 못생긴 절름발이신인 대장장이 헤파이스토스와 결혼해야 한다고 명령한다. 아프로디테는 제우스의 명령을 받아들였지만 결혼을 했다고 해서 다른 남자들 또는 신들과 만나는 것을 멈추지는 않았다.

아프로디테와 전쟁의 신 아레스 사이에서 에로스(Erōs)가 태어난다. 이 전설적인 사랑의 신 에로스는 인간과 신들을 마법의 화살로 사랑에 빠뜨리는 능력을 가지고 있었다. 아름다움과 전쟁이라는 요란한 관계 속에서 안테로스(Anteros), 하르모니아(Harmonia), 데이모스(Deimos)와 포보스(Phobos)가 연이어 태어났다.

묘사

아프로디테의 아름다움에 매혹된 수많은 사람들은 꽃병이나 조각품 등에 그녀를 모습을 새겨 넣었다. 가장 유명한 조각품으로는 처음으로 아프로디테의 나체를 그린 프락시텔레스(Praxiteles)의 〈크니도스의 아프로디테〉, 도이달라스(Doidalas)의 〈웅크린 아프로디테〉(BC 3세기 청동 원본)와 함께 BC 2세기 말의 〈밀로스의 아프로디테(밀로의 비너스)〉를 꼽을 수 있다.

비너스의 탄생

예술은 아프로디테를 대부분 여성화의 이상형으로 보여주고 있다. 아프로디테는 마법의 허리띠를 매고 있거나 가끔씩 장미나 은매화, 사과, 비둘기, 백조 또는 참새와 함께 장식되곤 하였다.

황금사과

사랑과 미의 여신 아프로디테의 외모는 그녀에게 수많은 전설을 낳게 했다. 가장 중요한 전설은 고대 소아시아의 크레타 섬의 산맥 이다(Ida)에서 전해졌다.

헤라, 아테나 그리고 아프로디테가 프리아모스(Priamos)와 헤카베(Hekabe)의 아들 파리스(Paris)를 방문했다. 사람들은 펠레우스(Peleus)의 결혼식 축연에 모여 있었다. 그때 에리스(Eris)가 가장 아름다운 이에게'라는 글이 적힌 황금사과를 하객들에게 던지려고 하였다. 헤라와 아테나 그리고 아프로디테가 서로 사과를 받겠다며 다투기 시작한다. 모두가 자신이 올림포스에서 가장 아름다운 여신이라고 주장한다.

그들은 파리스에게 결정을 내려달라고 한다. 세 여신은 파리스의 선택을 받기 위하여 자신을 선택하면 그에게 선물을 하겠다고 약속한다. 헤라는 파리스에게 권력을 주겠다고 하고, 아테나는 군사적인 명예를 약속한다. 그리고 아프로디테는 가장 아름다운 여성과 결혼할 수 있도록 해주겠다고 약속한다.

파리스는 아프로디테의 선물을 선택한다. 아프로디테가 이미 결혼한 헬레나를 파리스에게 주겠다고 약속했기 때문이다. 그렇게 파리스는 메넬라오스

밀로의 비너스

(Menelaos)의 아내 헬레나를 차지하게 되었고, 그로 인해 트로이 전쟁이 시작되었다.

6) 아르테미스(Artemis) - 사냥의 여신

그리스 문화에서 가장 오래된 여신 중 하나인 아르테미스는 신화 속

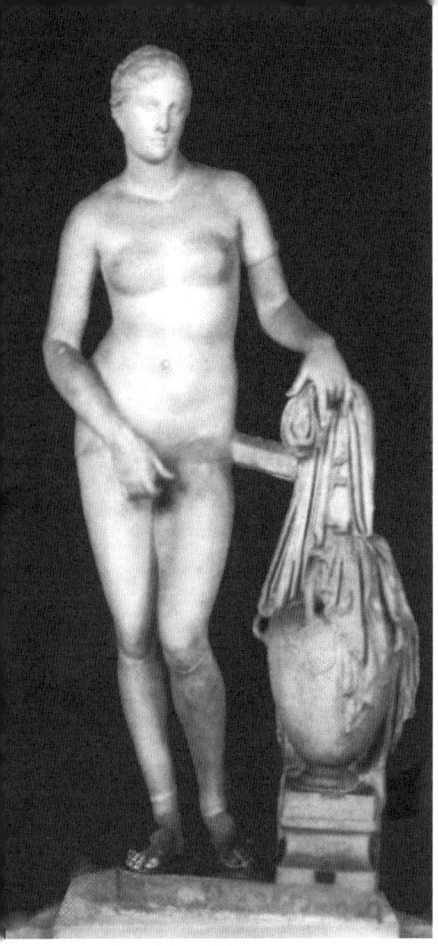

크니도스의 아프로디테

에서 활과 화살로 무장을 하고 있다. 동물과 자연의 여주인이기도 한 아르테미스는 미노스 시대부터 사람들에게 숭배를 받아왔다.

사냥의 여신 아르테미스는 제우스와 레토의 딸이다. 아름다운 레토는 티탄족 코이오스(Coeus)와 포이베(Phoebe)의 딸로 레토의 미모에 반한 제우스가 레토에게 접근하였다. 이에 헤라는 제우스의 바람을 눈치 채고 레토를 죽이려고 한다. 어느 날 헤라가 레토에게 거대한 뱀 파이톤을 보내자 제우스는 임신한 레토를 보호하기 위해서 그녀를 메추라기로 변신시킨다. 그러나 헤라는 새가 단단한 땅에 착륙하지 못하게 방해한다. 출산하기 직전에 델로스 섬이 레토를 불쌍히 여겨 섬에 착륙할 수 있도록 도와준다. 제우스는 그의 연인을 다시 본래의 모습으로 되돌리고 레토는 아르테미스를 낳는다. 아르테미스는 태어난 후 즉시 쌍둥이 동생 아폴론이 무사히 태어나도록 어머니를 도왔다. 아르테미스는 이때의 체험에서 너무나 커다란 충격을 받아 그의 아버지 제우스에게 영원히 처녀로 남고 조산사가 되게 해달라고 청했다. 제우스는 그녀의 소원을 들어주었다.

임무

아르테미스는 조산사
이기도 했지만 그녀의
가장 큰 임무는 사냥꾼
이라는 것이었다. 자연
의 여신인 요정들과 함
께 활과 화살을 가지고
숲을 헤매는 그녀는 동
물들을 길들이고 괴물을
잡을 수 있는 능력을 소
유하고 있다. 또한 인간
들도 그녀의 활에 맞아
죽을 수 있다. 막강한 사
냥꾼 오리온도 그녀의
활에 맞아 생을 마감하
였다. 그리고 아르테미
스가 가장 총애하는 동
물은 사슴과 곰이라고
한다.

아르테미스, 사냥의 여신

식물의 성장과 풍요의 여신으로서 숭배받는 올림포스의 여신 아르테
미스는 달의 여신 셀레네(Selene)가 지니고 있던 달에 관한 지배권을 빼

앗았다. 그리고 티탄족 페르세스(Perses)의 딸인 헤카테로부터 마법과 정령, 마법사들에 관한 지배권과 같은 신비로운 요소들을 취한다.

아르테미스의 연인들

아르테미스는 남자들과의 교제를 피하고 엄격하게 순결의 서약을 지킨다. 물론 아르테미스는 다른 이들에게도 그렇게 할 것을 기대하고 순결을 지키지 않는 모든 이들을 징벌한다. 아르테미스는 처녀성을 지키는 수호신이다. 그래서 자신이 총애하던 요정 칼리스토에게도 제우스에게 유혹당한 데 대한 벌을 내린다. 아르테미스는 순결을 지키지 않은 칼리스토를 곰으로 변신시켜 추방하였다.

? 알고 넘어가기

큰곰자리와 작은곰자리의 두 별자리는 그리스 신화에서 유래한다. 칼리스토(Callisto)와 태어나지 않은 아이를 아르테미스의 복수에서 보호하기 위해서 제우스가 그의 연인과 아이를 하늘 위의 별자리로 만들어주었다.

묘사

아르테미스는 대부분 짧은 옷을 입은 거의 소녀 같은 젊고 아름다운 여인으로 묘사되며 사냥개들과 함께 있는 모습으로 그려지기도 한다. 아르테미스가 마법을 사용하는 경우는 드물었지만 사람들은 머리가 셋으로 변한 여신의 모습을 볼 수도 있었다.

초기 고전 작품 중에서는 에페소스에 있는 BC 460년 만들어진 아르테미스 여신의 인상적인 머리 모습을 볼 수 있다. 그것은 엄격하고 조화로운 인간 얼굴의 본질적인 요소만을 강조한 것으로 원래는 의복을 걸친 인물 조각상으로 만들어진 것이다.

아폴론의 청동 두상

7) 아폴론(Apollōn) - 예지의 신

모든 신들의 가장 그리스적인 특징은 소아시아에서 유래되었다. 델로스, 델포이 그리고 디디마(Didyma)와 같은 몇몇의 숭배 중심지에서부터 아폴론에 대한 믿음이 모든 그리스로 확산되었다. 《일리아스》에서 그리스인들에 대항하여 트로이인들을 도와준 아폴론은 총괄적인 개념으로 후에 헬레니즘의 화신이 된다.

임무

아폴론은 사냥의 여신 아르테미스의 동생이자 제우스와 레토의 아들이다.

아폴론의 신적인 특징은 이질적이고 애매모호하다. 수백 년이 흐르는 동안 그가 가진 신적 특성이 변하였기 때문이다. 태양의 신 헬리오스와 동일시(그래서 아폴론은 포이보스라는 별명으로 불리기도 한다.)되는 아름다운 젊은 신 아폴론은 그리스 전역에서 숭배되었다.

아폴론(기원후 1세기)

아폴론과 다프네

태양신의 가장 중요한 임무는 하늘 위에서 불을 뿜는 마차(태양)를 모는 것이었지만 직접 마차를 모는 임무는 헬리오스가 맡고 있었다. 아폴론은 예언의 신일뿐만 아니라 정신적인 삶과 아름다운 예술에 관한 수호를 맡고 있었다. 음악의 신으로서 아폴론은 신의 사신인 헤르메스에게 선물로 받은 리라[6]를 즐겨 연주한다. 아폴론은 자신의 음악적 재능에 대한 자만심이 대단하여 매번 마르시아스(Marsyas)의 피리와 숲의 신 판(Pan)과 실력을 겨루었다. 젊은 신은 어디를 가나 다른 음악가가 그보다 뛰어난 걸 참지 못했다.

아폴론은 정신적인 삶의 신으로서학문의 수호신이며, 마찬가지로 9명의 예술(노래, 음악, 춤 그리고 문학)의 수호신인 뮤즈들의 주인이기도 하다.

하지만 농업과 유목의 관리도 그가 맡은 임무였다. 아폴론은 가축 떼들을 늑대로부터 보호하고 들쥐를 쫓아내었으며 수확에 피해를 입히는 메뚜기를 박멸하였다. 그것만이 아니다. 아폴론은 치유와 속죄의 신으로도 숭배되었다. 그의 화살은 병과 죽음을 가져올 수 있었지만 반대로 병을 치료할 수 있는 의사의 기능을 맡고 있었다. 아폴론이 가지고 있던 의사의 기능은 나중에 그의 아들인 치료의 신 아스클레피오스(히포크라테스의 스승)에게 전수되었다.

젊음과 아름다움의 화신인 아폴론은 아테네의 민주주의와 스파르타의 귀족주의를 자신의 개인적인 보호 아래 두었다. 아폴론은 그리스인들의 도덕적인 질서를 보장하였다.

아폴론은 탁월한 궁수이자 유능한 육상선수로서 올림픽 경기에서 첫 번째 승리자가 되기도 했다. 그의 누이 아르테미스는 젊은 여성들을 보호했던 반면에 동생인 아폴론은 젊은 남자들을 보호하였다.

델포이 신탁

아폴론이 맡고 있던 가장 중요한 역할은 델포이의 신탁이었다. 자신의 어머니를 쫓았던 뱀 피톤(몇몇 자료에서는 용이라고도 한다)을 죽인 후 그는 신탁의 신이 되었다. 그로 인해 예전의 고향이었던 델포이를 중심으로 신전이 세워져 아폴론의 보호 아래 놓이게 되었다.

델포이 신탁

델포이는 그리스의 가장 중요한 문화적 · 정신적인 중심지에 속한다. 델포이 신탁의 권위는 많은 곳에서 인정을 받았다. 신전의 신탁함 안에는 신성한 돌이 들어 있었는데, 그 돌은 레아가 새로 태어난 제우스를 대신하여 크로노스에게 바친 돌이었다.

신탁을 드리기 전에는 일정한 예식이 수행되어야만 했다. 양이나 염소 같은 제물을 바친 후에 무녀 피티아(Pythia)가 점을 치게 되는데 무녀는 일종의 최면 상태에 빠져 예언의 신 아폴론의 신탁을 받아내었다. 무녀는 이롭지 않은 답변에 대해서는 침묵하기도 하였다.

아폴론의 연인들

아폴론은 결혼은 하지 않았지만 많은 여성들과 즐겁게 살았다. 아폴론이 사랑한 연인들은 굉장히 많다. 그 중 가장 유명한 연인으로는 코로니스(Coronis)를 꼽을 수 있다. 절세의 미인으로 아폴론의 사랑을 받았으나 비극적인 죽음을 맞은 여인이다. 아폴론은 코로니스를 사랑하였으나 인간과 함께 살 수는 없었으므로 흰 까마귀를 보내어 코로니스를 감시하게 하였다. 어느 날 흰 까마귀가 날아와 아폴론에게 코로니스가 이스키스라는 자와 간통을 한다고 알렸다. 격분한 아폴론은 코로니스를 활로 쏘아 죽이지만, 이를 후회하며 슬퍼하다가 고자질한 까마귀를 원망하여 흰털을 새카맣게 만들어버렸다고 한다. 아폴론은 뒤늦게 코로니스가 아기를 가졌다는 사실을 알고 불에 타는 시신을 수습하여 배를 가르고 아기를 꺼냈다. 이 아기가 훗날 의술의 신이라고 부르는 아스클레피오스(asclepias)이다.

월계수를 뜻하는 이름이기도 한 아름다운 여신 다프네(Daphnē)는 강의 신 페네오스(Peneus)의 딸로서 아름다운 외모로 인해 아폴론의 열렬한 구혼을 받는다. 아폴론의 구혼을 거절하던 다프네는 아폴론에게 사로잡힐 위기에 처하자 저항을 하고 도망을 친다. 다프네는 아폴로에게 잡히지 않기 위해 급박하게 기도를 하였고 그녀의 아버지가 소원을 들어주어 그녀를 월계수나무로 변하게 하였다. 이런 일이 있은 뒤 아폴론은 이 나무의 잎을 항상 푸르게 하고 그녀를 추억하기 위해 언제나 월계관을 몸에 지니게 되었다.

묘사

아폴론은 고대의 다른 어떤 신들보다 많이 조각예술의 대상이 되었다. 오늘날 가장 잘 보존된 작품으로는 로마 바티칸미술관에 있는 벨베데레의 매력적인 청년의 모습을 꼽을 수 있다. 이 작품은 BC 4세기 그리스의 청동 원본을 보고 만든 로마식의 대리석 복사본이다. 아폴론을 묘사할 때 가장 중요한 부속물은 활과 화살, 하프, 월계수와 담쟁이덩굴이다.

8) 아테나(Athēne) - 전쟁과 평화의 여신

헤시오도스의 《신통기》에 따르면 아테나(아테네)는 특이한 방식으로 세상의 빛을 보았다. 티탄여신 메티스(Metis)가 제우스와의 관계를 통해 임신했을 때 제우스는 그 사실을 그다지 기뻐하지 않았다. 가이아의 예언에 따르면 이 둘의 결합으로 인해 생긴 아이는 신들의 왕인 아버지 제우스보다도 더 막강한 힘을 갖게 된다고 하였기 때문이다. 그 즉시 제우스는 티탄여신을 삼켜버렸고, 그로 인해 뱃속의 아이도 어머니와 함께 죽었다고 믿었다.

몇 달이 지난 후에 제우스는 심한 두통에 시달리게 되었다. 견디다 못한 제우스는 헤파이스토스를 찾아가 자신의 머리를 도끼로 쪼개어달라고 부탁한다. 제우스의 머리가 갈라진 상처에서 튀어나온 아테나는 태어날 때부터 모두 성장하여 완전무장을 갖춘 상태였다.

아테나는 그리스 이전 시대부터 널리 숭배되었으며 궁정의 여왕으로 추도되었다. 나중에 아테나는 아테네시의 여신이 된다. 아테나에 대한 숭배와 축제는 널리 확산되어 아테나의 신전은 도시에 있는 아크로폴리스에서 가장 유명한 파르테논이 되었다.

임무

전쟁의 여신으로서 팔라스 아테나 (거인 팔라스의 피부를 벗겨내어 방패에 덮어씌웠다)는 전쟁의 신 아레스와 대조를 이룬다. 왜냐하면 그녀는 잔인한 살육과 전투에 흥미를 느끼지 못했기 때문이다. 아테나의 전쟁은 일반적으로 기간이 짧고 피바람이 불지 않는다. 아테나는 대게 창과 방패 그리고 투구로 완전히 무장을 하고 나타난다.

아테나는 고르고와의 싸움에서 페르세우스를 지켜주었는데 그에 대한 보답으로 페르세우스는 아테나에게 메두사(세 고르곤[7] 중에서 한 자매)의

헤라클레스

머리를 선물한다. 아테나는 그것을 자신의 방패에 장식하였다. 또한 아테나는 이아손, 오리스테스, 헤라클레스와 오디세우스와 같은 다른 영웅들을 보호하기도 하였다.

하지만 아테나는 평화의 여신으로서 더 널리 더 많이 숭배됐다. 아테나는 국가를 지키고 특히 그녀의 도시 아테네를 지키며 아테네 법정을 통해 평화와 안전을 돌보았다. 하지만 그보다 먼저 아티카의 소유를 둘러싸고 포세이돈과 싸워야만 했다. 두 신의 싸움은 결국 올림포스신의 결정에 의해 판가름나게 되었다. 아티카에 가장 값진 선물을 하는 자에게 아티카의 소유권을 넘겨주기로 한 신의 뜻에 따라 포세이돈은 아티카에서 샘이 쏟아나도록 했으며 아테나는 최초의 올리브나무가 자라도록 하였다. 결국 아테나가 그 싸움에서 승리하여 아티카를 다스리게 되었다.

그녀는 수공업, 방직과 직물기술, 육아와 교육, 집 건축과 성전 건축의 여신으로서 특별한 의미를 가진다. 수공업자들의 수호신으로서 그녀는 에르가네(사람에게 기술을 가르치는 신)라는 별명도 가지게 된다. 대장장이신 헤파이스토스와 비슷하다.

아테나와 올리브나무의 연관성은 매우 중요하다. 신화에 따르면 아테나는 올리브나무를 만들고 가공하여 인간들에게 쓸모가 있도록 했다고 한다. 또한 그리스인들에게 배를 건축하고 말을 사육하는 방법을 가르쳐준 것도 아테나 여신이다.

? 알고 넘어가기

처녀 아테나 파르테노스(Athena Parthenos)는 아크로폴리스에 있는 가장 아름다운 신전에서 숭배됐다. 아테나 신전의 내부에는 유명한 페이디아스의 상아조각상이 세워져 있었다고 한다.

무장한 아테나가 넘어진 거인을 겨누고 있다.

아테나의 연인들

아테나는 결혼을 하지 않고 혼자 살았지만 아르테미스와는 다르게 남자들과의 관계를 포기하지는 않았다. 그녀에게 순결과 처녀성이 규정되어 있음에도 불구하고 헤파이스토스와의 사이에서 태어난 아이도 있었다. 아테나가 갑옷을 부탁하기 위해 헤파이스토스를 찾아갔을 때 그녀에게 반한 헤파이스토스는 열렬한 사랑을 고백한다. 놀라 도망치던 아테나의 다리에 헤파이스토스 정액이 묻자 아테나는 헝겊으로 닦아 땅에 버렸다. 그것이 가이아의 몸속에서 수정되어 에리크토니오스가 태어났다. 에리크토니오스는 인간의 몸과 뱀의 꼬리를 가진 괴물이었다. 그의 추한 모습에도 불구하고 아테나는 에리크토니오스를 길렀으며 그를 아테네의 왕으로 만들었다.

아테나는 그녀의 아버지 제우스와 아주 특별한 관계를 가졌다고 한다. 그녀는 제우스의 주변에서 그의 화를 다독거리거나 흥분을 가라앉히는 등 유일하게 제우스에게 영향력을 미칠 수 있었다.

❗ 별자리

아테나의 아들 에리크토니오스도 천상에서 마부라는 별자리가 된다.

판아테나이아제(Panathenaia)

그리스에 있는 모든 다른 도시들과 마찬가지로 도시 아테네도 완전히 독자적인 신의 보호를 받았다. 아테나는 도시 아테네를 대표하는 이름을 가진 여신이다. 그녀를 숭배하기 위해서 사람들은 4년마다 한 번씩, 8월에 4일 동안 모든 아테네인들이 참가하는 축제를 열었다. 바로 범 아테네인들의 명절인 판아테나이아제이다. 파르테논 신전의 프리즈(띠 모양의 장식물) 위에서 격투와 제물을 바치는 제식을 볼 수 있다.

이 축제 기간 동안은 도시 전체가 바쁘게 움직인다. 먼저 여신의 생일에 맞춰 새로 만든 화려한 의상을 전달하기 위해 아크로폴리스로 향하는 사람들을 볼 수 있다. 수를 놓은 옷을 만든 여성들과 제물을 바칠 때 필요한 제식도구를 운반하는 소녀들이 뒤따르면서 행렬을 이끈다. 젊은 남자들은 제물로 바칠 동물들을 보호하며 그 뒤를 이어 아테네의 시민들과 기사 후예들이 모여든다. 이 기간 동안에는 축제의 즐거움 이외도 행사의 절정으로 꼽히는 격투경기가 벌어지며 신에 대한 기도도 이어진다. 아테네인들이 가장 열광하는 것은 기름이 가득 찬 항아리에 아테나 여신의 초상화가 장식된 우승자에게 수여하는 상이었다.

묘사

아테나는 대부분 완벽하게 무장을 한 모습으로 나타난다. 조각예술에서 잘 알려진 예는 페이디아스의 아테나 렘니아(Athena Lemnia) 여신상이다. 로마시대에 만들어진 대리석 복사본은 지금은 드레스덴에 있다. 아테네 국립박물관에서는 BC 3세기의 아테나 숭배상의 복사본을 볼 수 있다. 이전에는 파르테논의 신상 안치소에 있었다. 아테네 파르테논에 있던 진품은 피디아가 만든 작품으로 여겨지고 있다.

9) 헤파이스토스(Hephaistos) - 대장장이의 신

그리스인들은 제우스와 헤라의 아들에 대한 신화를 소아시아로부터
전수받았다. 그를 위한 가장 큰 성지는 렘노스 섬에 있다. 헤파이스토스
의 출생에 관해서는 두 가지 상이한 신화가 전해진다.

첫 번째 신화에 따르면 제우스의 머리에서 아테나가 태어난 후에 헤
라는 무조건 자신의 아이를 직접 낳고 싶어 했다. 하지만 헤라의 기대와
는 달리 헤파이스토스는 추한 모습으로 태어난다. 너무나도 실망한 헤
라는 그를 올림포스에서 던져버린다. 땅에 떨어졌을 때의 충격으로 헤
파이스토스는 크게 부상을 당하지만 테티스(Thetis)와 에우리노메가 그
를 잘 보살펴주었다. 나중에 올림포스로 돌아간 절름발이신은 다른 올
림포스신들을 위해 화려한 궁전을 짓는다.

두 번째 신화에 따르면 헤파이스토스는 정상적인 방법으로 세상에 태
어난다. 성인이 되어서 그는 자주 아버지에게 저항하고 어머니의 편을
들곤 하였다. 헤라의 질투에 화가 난 제우스가 그녀를 올림포스의 거대
한 홀 지붕 위에 사슬로 매달아 놓자 헤파이스토스가 지붕 위로 올라가
그녀를 풀어준다. 그 일에 불같이 화가 난 제우스는 자신의 아들을 올림
포스에서 던져버린다. 불과 대장장이의 신은 9일 밤낮을 날아서 결국
렘노스 섬에 착륙하지만 착륙시의 충돌로 다리가 부러져 절름발이가 된
다. 섬에 사는 사람들은 헤파이스토스를 좋아해서 그를 위해 신전과 거
대한 대장간을 만들어준다.

임무

다른 신들과 달리 헤파이스토스
는 명확한 임무를 가지고 있다. 그
는 올림포스신들의 궁전을 짓거나
그렇지 않으면 자신의 지하 대장
간에서 대장장이 일을 한다. 뛰어
난 재능의 수공예자는 트로이 전
쟁의 가장 위대한 그리스의 영웅
인 아킬레우스(Achilleus)를 위해

트로이의 폐허

새로운 무기인 아이기스(aegis)를 완성한다.

그의 공방에서 아테나의 방패, 제우스의 왕홀, 태양의 아들 헬리오스
의 마차, 사랑의 신 에로스의 화살, 하르모니아의 목걸이 등 수많은 물
건들이 만들어졌다.

❓ 알고 넘어가기

헤파이스토스는 불의 신 프로메테우스와 닮은꼴이다. 두 신 모두 횃불주자로 숭배되었
다. 헤파이스토스를 기리기 위한 아테네의 축제인 헤파이스티아는 프로메티아에 그대로
이어진다.

또한 그는 스스로 방 안으로 들어가서 다시 나올 수 있는 올림포스의
마법 같은 황금 탁자를 만들었다. 그가 세공한 무기들은 특별한 힘을 가
지고 있다. 헤파이스토스는 도자기 공예인들과 꽃병을 그리는 이들이
가장 좋아하는 신이다. 게다가 수공업과 예술의 신이기도 하다. 그는 팔
라스 아테나와 친밀한 관계를 유지한다.

아레스, 꽃병에 그린 그림

헤파이스토스는 대부분 땀으로 뒤범벅되고 헝클어진 머리와 손에 망치를 들고 있는 이례적으로 현실적인 모습으로 묘사된다.

호메로스는 헤파이스토스를 마음이 따뜻하고 감성적이며, 성실하고 헌신적인데다 남을 돕기를 좋아하는 성격을 가졌다고 묘사한다. 호메로스에게 그는 아주 특별했다. 헤파이스토스는 올림포스의 신 중에서 유일하게 스스로를 자조했기 때문이다.

헤파이스토스의 연인들

헤파이스토스는 처음에는 가끔씩 올림포스에 초대받다가 신들과 화해한 다음에야 올림포스에서 지낼 수 있었다. 제우스는 열정적인 대장장이신 헤파이스토스에게 한 여성을 선택할 수 있는 권리를 약속하였다. 헤파이스토스는 아테나를 사랑하게 되지만 그녀는 차갑게 대응한다. 그래서 못생긴 절름발이신은 제우스신에게 올림포스에서 가장 아름다운 아프로디테와 결혼하게 해달라고 청한다.

서로 다른 두 사람의 결혼은 순조롭지 않다. 아프로디테와 아레스의 열정적인 불륜관계는 헤파이스토스를 광분하게 한다. 복수를 꾀하던 헤파이스토스는 보이지 않는 깃털로 짠 그물을 아내의 침대에 숨겨두고 아내와 전쟁의 신 아레스가 밤을 보내려 할 때 그들을 사로잡는다.

10) 아레스(Ares) – 전쟁의 신

미케네 시대부터 전쟁의 신 아레스는 전투에서 가장 막강한 신이었다. 아레스의 부정적인 성격을 좋아하지 않았던 호메로스는 올림포스의 신들 안에 아레스를 포함하는 것을 그다지 내켜하지 않았다. 그래서 그는 수많은 이야기에서 아레스를 웃음거리로 만들었다.

광포한 전쟁의 신은 사려 깊은 전쟁의 여신 아테나의 도움을 받아 트로이 전쟁에서 승리하게 된다. 호메로스는 일리아스를 통해 제우스가 아레스에게 다음과 같은 말을 하게 한다.

"올림포스신들 중에서 내가 가장 미워하는 것은 너다! 너는 항상 싸움과 전투만을 좋아하는구나!"

아레스의 이름은 '해를 입히는 자', '벌을 주는 자' 또는 '복수하는 자' 등의 수많은 의미를 가진다. 또한 그리스인들도 아레스를 그다지 좋아하지 않았다. 그는 쉽게 화를 내며 공격적인 신이었다. 그렇기 때문에 아레스는 다른 올림포스신들에 비해 신전과 숭배지도 적었고 그를 위한 축제와 신화도 많지 않았다. 아레스의 제단은 종종 피로 더럽혀졌고, 아레스와 관련된 까치나 독수리 또는 늑대와 같은 동물들은 잔인한 동물로 간주되었다. 전쟁의 신 아레스는 자신의 누이동생 에리스(불화), 그의 연인인 포보스(공포)와 데이모스(패배), 그리고 케레스(죽음의 여신들)와 동행한다. 아레스의 마차를 끄는 말들도 두려움과 공포라고 불린다.

아프로디테와 디오니소스는 아레스를 올림포스신으로서 안내한다. 그는 호전적이긴 했지만 아름다운 모습을 가진 청년으로, 대장장이신 헤파이스토스의 아내 아프로디테의 사랑을 받아 그녀의 애인이 되었다. 아프로디테와 아레스의 열정적인 사랑으로 딸 하르모니아(조화)가 태어난다.

11) 디오니소스(Dionysos)
– 술의 신

디오니소스

디오니소스의 출생에 관해서는 두 가지 상이한 신화가 전해진다.

첫 번째 신화에 등장하는 디오니소스는 바쿠스라 불리며 제우스와 평범한 인간인 테베의 공주 세멜레(Semele) 사이에서 태어났다. 임신한 세멜레는 질투심에 불타는 헤라의 꼬임에 빠져 제우스에게 그의 본래의 모습을 보여 달라고 애원한다. 제우스는 그녀의 소원에 따라서 번개와 천둥을 동반하고 나타난다. 하지만 평범한 인간이었던 세멜레는 신의 번쩍이는 빛에 타 죽고 만다. 제우스는 태아를 구출하고 그 아이가 태어날 때까지 자신의 허벅다리 안에서 키운다.

두 번째 신화에서는 데메테르의 딸 페르세포네가 디오니소스의 어머니이다. 헤라는 티탄들을 사주하여 아이를 갈기갈기 찢어 놓으라고 한다. 하지만 신은 다시 자라나서 요정들이 기르게 된다. 후에 해적이 디오니소스를 납치했다. 디오니소스는 노와 돛대에 포도나무가 자라도록 하여 배가 더 이상 항해를 계속하지 못하도록 하고 배 안에 타고 있던 사람들은 돌고래로 변신시킨다.

디오니소스의 원래의 고향은 알려지지 않았다. 디오니소스를 숭배한 최초의 성지는 테베, 트라키아 또는 프리지아였다. 디오니소스는 아리아드네(Ariadne)와 결혼했으며 올림포스신과는 달리 결혼에 충실했다. 정사가 그렇게 많지 않았다.

! 올림포스신이 아닌 신들

호메로스는 디오니소스를 올림포스신에 포함시키지 않았다. 왜냐하면 그의 열광적인 종교는 고귀하지 않기 때문이다. 시간이 흐른 다음에야 비로소 술의 신 디오니소스는 고귀한 올림포스 십이신의 범주에 받아들여졌다.

임무

디오니소스는 술, 취함, 삶의 기쁨, 황홀 그리고 기쁨의 신이다. 그를 위한 숭배의식은 언제나 방탕하였기 때문에 법과 질서를 지키는 이들에게는 항상 눈엣가시였다. 디오니소스의 추종자들이 거행한 광란의 축제는 가끔 금지를 당하기도 했다. 이것은 일반적으로 관대하고 동정심이 많은 이로 묘사되는 디오니소스를 분노하게 만들었다. 그의 복수의 서약으로 축제를 금지시킨 주동자들을 잔인하게 처벌하였으며 때로는 그들을 미치게 만들기도 하였다.

더 확대된 의미에서 디오니소스는 나무와 식물의 성장의 신이기도 하다. 신화에 의하면 그는 포도나무를 만들어 와인, 우유 그리고 꿀이 땅에서 뿜어져 나오도록 하였다. 또한 연극의 신으로서 고대의 사람들은 그를 위해 축제를 열었다.

디오니소스제의 행렬, 부조(기원전 4세기의 전형)

숭배

디오니소스를 경배하기 위해서 사람들은 디오니시아(Dionysia, 주신제), 레나이아 그리고 안테스테리아 축제를 열었다. 이 모든 축제들이 아테네에서 거행되었다. 그 중에서도 '시골풍의 디오니시아'가 12월에 열리는 마을축제로 가장 많은 사랑을 받았다. 노래하는 사람들은 행렬을 따라 움직이고 격투와 언쟁이 이어졌다.

하지만 아마도 인간들의 삶에서 가장 중요한 경험은 디오니소스의 비밀종교의식이었을 것이다. 비밀스러운 의식이 밤마다 숲이나 산에서 거행되었다. 디오니소스의 추종자들은 흥분하고 취한 상태로 신을 따랐다. 담쟁이덩굴과 노루 털로 치장을 하고 춤을 추면서 사티로스(인간 형상을 한 말들)와 요정들 무리에 섞인다. 디오니소스는 숫염소와 황소의 안내를 받으며 나타난다.

제물로 가져간 동물은 생으로 먹어치운다. 왜냐하면 희생양이 된 동

물들이 디오니소스의 모습과 비슷하기 때문이다. 이러한 방식으로 경배
하는 신과의 결속을 다졌다. 비밀종교의식에서 봉
헌을 한 자는 육체적인 강인함을 얻고 상해를
입지 않게 된다. 넘치는 생명력과 무한한
에너지가 분출된다. 무엇보다도 여
성들이 디오니소스를 추종한다.

묘사

디오니소스는 대부분 젊은 신으
로서 길고 검은 곱슬머리와 여성적
인 얼굴선을 가진 모습으로 묘사된
다. 부드럽고 근육이 없는 젊은 육체
를 가진 디오니소스는 포도나무와 술
이 가득 찬 항아리와 함께 묘사된다.

12) 하데스(Hades)
– 지하세계의 신

세계의 지배권을 분할할 때 크
로노스와 레아의 아들 하데스는
지하세계를 자신의 지배 영역으
로 분배받는다. 그의 아내 페르
세포네와 함께 그는 죽은 자들
의 영혼을 돌본다. 하데스는

페르세포네를 납치하는 하데스

인간들에게는 당연히 사랑받지 못했다. 왜냐하면 모두가 죽음의 제국에 들어가면 다시는 돌아올 수 없다는 것을 알고 있었기 때문이다. 모든 영혼을 받아들이기 위해서 지하세계로 향하는 출입구를 지키고 있는 하데스는 조금의 동정심도 가지고 있지 않았다.

하데스라는 그의 이름은 '보이지 않는 자'를 의미한다. 아마도 그가 예전에 사이클로프스에게 받았던 전설의 투구를 쓰면 모습이 보이지 않게 되었기 때문이었을 것이다. 옛날에는 아이데스라고 불렸고 후에는 플루톤(Pluton)이라고 불렸다. 플루톤이라는 이름은 '부자'를 의미하는데 그것은 하데스가 지하세계의 보물들을 지키고 있다는 것을 의미한다. 보물은 땅속에 있는 중요한 광물들을 말한다.

하데스를 경배하는 성전은 엘리스에 있는 신전이 유일할 뿐 다른 어떤 곳에도 그를 위한 신전은 없었다.

하데스의 특징은 두 개의 날이 있는 창과 네 필의 말이 끄는 마차이며, 초상화는 종종 왕홀을 지닌 모습으로 그려진다.

4. 올림포스신이 아닌 신들

올림포스 십이신 외에도 그리스에는 올림포스에 살지 않는 수많은 다른 신들과 반신들이 사람들의 숭배를 받았다.

1) 아스클레피오스(Asklēpios) – 의학의 신
호메로스는 아폴론과 코로니스의 아들 아스클레피오스를 비범한 능력을 가진 의사로 묘사한다. 아스클레피오스는 전설적인 의술을 우화 속의 존재인 현명한 반인반마의 괴물 케이론(Cheirōn)에게서 배운다. 나중에는 자신의 아버지 아폴론의 자리였던 의술의 신으로서의 자리를 받아들인다.

아스클레피오스를 향한 성스러운 경배가 절정을 이루는 곳은 에피다우로스이다. 그곳에서의 경배가 펠로폰네소스까지 뻗치고 아티카까지 확산된다.

아스클레피오스의 특징은 뱀과 긴 장대이며 아스클레피오스의 짝은 그의 딸인 히게이아(Hygeia, 건강의 여신)였다.

2) 에일레이티아(Eileithyia)
- 분만의 여신

에일레이티아는 여성들의 산고를 책임진다. 그녀는 분만을 빠르게 진행시키거나 연장시킬 수 있었다. 제우스와 헤라의 딸인 에일레이티아는 때때로 출산을 관장하기도 하는 그녀의 어머니 헤라나 아르테미스와 아주 친밀한 관계를 가진다. 에일레이티아라는 이름은 '도움을 주러 오는 사람'이라는 뜻이다.

분만의 여신 에일레이티아

질투심이 많은 헤라는 에일레이티아의 도움을 받아 레토의 분만과 그리스의 영웅 헤라클레스의 탄생을 지연시키기도 하였다.

여신 에일레이티아는 나무로 만들어진 상에서 횃불을 들고 있는데, 그것은 어둠 속에서 아이들을 인도한다는 의미이다. 횃불을 들고 있는 모습은 아르테미스와 페르세포네의 상에서도 볼 수 있다.

분만의 여신에 대한 숭배는 특히 라코니아와 크레타 섬에 널리 확산됐다.

3) 에리니에스(Erinyes) – 복수의 여신들

알렉토(중단 없는 여자), 티시포네(살인에 복수하는 여자)와 메가이라(질투하는 여자), 이 세 명의 복수의 여신들은 사악함, 살인, 거짓 진술 또는 손님을 환대하는 데 소홀함을 벌한다.

크로노스에 의해 우라노스가 토막이 날 때 가이아가 받아들였던 핏방울에서 에리니에스가 태어났다. 그들의 모습은 끔찍했다. 얼굴은 일그러지고 눈에서는 피가 흐르며 머리는 뱀으로 뒤덮여 있다. 위협적으로 굽은 횃불을 들고 지하 깊은 곳으로부터 나타나서 사악한 자들을 세상 끝까지 쫓아간다.

에리니에스는 특히 친족을 살해한 자들을 미치광이로 만들었다. 아가멤논의 아들 오레스테스는 에리니에스의 대표적인 희생자이다.

아테네에서 에리니에스는 에어로파그(Aeropag) 기슭의 성전에서 숭배된다.

4) 에리스(Eris) – 불화의 여신

광포한 전쟁의 신 아레스의 누이동생 에리스는 제식이 없는 여신이다. 싸움을 즐겨 늘 아레스를 따라다니면서 분쟁과 불화를 조장했는데,

올림포스의 신들조차도 에리스에게 함부로 대하지 못하였다.

신화에 따르면 펠레우스와 테티스의 결혼식이 열리는 날, 모든 신들이 결혼식에 초대받았지만 에리스만 초대받지 못했다고 한다. 화가 난 불화의 여신은 복수를 한다. 그녀는 '가장 아름다운 이에게!' 라는 글자가 새겨진 황금사과를 손님들에게 던진다. 그것은 헤라, 아테나, 아프로디테의 싸움을 야기한다. 트로이 왕의 아들 파리스가 그녀들의 다툼을 조정한다. 그는 자신에게

파리스와 헬레네

가장 아름다운 여인을 주겠다고 약속한 아프로디테에게 사과를 준다. 그 아름다운 여인이 헬레네이며 파리스가 갈망하던 여성이었다. 에리스가 결혼한 헬레네를 데려감으로 인해 트로이 전쟁이 시작되었다.

5) 에로스(Erōs) – 사랑의 신

에로스는 쾌락적인 사랑의 상징이다. 민중들의 상상에 따르면 아프로디테와 아레스의 아들 에로스는 항상 활과 화살을 가지고 다녔다. 그 화살은 사람의 심장을 겨냥하며 사람들을 사랑에 빠지게 한다. 에로스는 날개를 달고 있는 아이의 모습을 하고 있다.

에로스

에로스와 프시케

에로스는 아름다운 왕의 딸 프시케(Psyche)를 경배한다. 그녀는 너무나도 아름다워서 에로스의 어머니 아프로디테의 질투를 살 정도였다. 아프로디테는 자신의 아들 에로스를 보내서 프시케가 평범한 사람과 사랑에 빠지게 만들려고 한다. 하지만 프시케와 에로스는 만나자마자 서로 사랑에 빠지게 된다.

에로스는 자신의 얼굴을 숨기고 그녀에게 마스크를 벗은 자신의 모습을 절대 보지 않을 것이라는 약속을 받아낸다. 프시케는 물론 그러겠다고 약속을 하지만 결국 호기심을 이기지 못한다. 어느 날 에로스가 잠이 들었을 때 프시케는 자리에서 일어나 램프를 켠다. 그를 좀 더 자세히 보기 위해서 그의 몸 위로 얼굴을 숙일 때 램프의 뜨거운 기름 몇 방울이 에로스의 얼굴에 떨어진다. 에로스는 잠에서 깨어 프시케를 떠나버린다. 그녀가 약속을 지키지 않기 때문이다.

절망하여 이곳저곳을 헤매던 프시케는 마침내 아프로디테의 궁전으로 오게 된다. 아프로디테는 프시케가 지하세계에서 아름다움의 물방울 병을 가져온다면 그녀를 도와주겠다고 말한다. 프시케는 몇 방울을 가져오게 되지만 또 다시 호기심의 유혹에 빠져 병의 향기를 맡게 된다. 프시케는 물방울의 강한 향기에 취해 쓰러지지만 에로스가 프시케를 발견하고 다시 생명을 불어넣는다. 에로스는 프시케와 결혼하여 그녀를 영원히 살도록 한다.

6) 헬리오스(Helios) - 태양의 아들

헬리오스는 동쪽에 있는 궁전에서 출발하여 하늘 위를 날아다닌다. 밤

어둠을 몰아내는 새벽의 여신

헬리오스가 있는 램프

에는 태양을 건너서 다시 돌아오기 위해 헤파이스토스가 만든 배 위에서 매일 황금마차를 몰고 다닌다. 헬리오스의 마차는 피로이스(Pyrois), 에오스(Eōs), 아이톤(Aithon)과 플레곤(Phlegon)이라는 네 마리의 말이 끌었다. 포탄처럼 보이는 빛이 그의 권력을 표현한다.

태양의 신 티탄 히페리온(Hyperion)과 테이아(Theia)의 아들 헬리오스는 세상에서 일어나는 모든 것을 보고 듣는다. 그렇기에 종종 공판에서 증인으로 초대된다. 트리나시아(시칠리아)에 7마리의 소와 7마리의 양떼를 소유하며 특히 로도스에서 숭배되었다.

빛과 태양의 신으로서의 헬리오스는 눈이 멀지 않도록 하는 시력의 주인으로 올림포스의 신 아폴론에게 능력을 인정받았다.

7) 헤카테(Hekate) – 마법의 여주인

그리스 민족은 티탄신족 페르세스와 아스테리아의 딸 헤카테를 특히 좋아한다. 헤카테는 인간들에게 도움을 주기도 하지만 섬뜩한 측면도 가지고 있었다. 헤카테는 머리카락에 횃불과 뱀을 달고 있으며 개인적으로 모든 마법과 독살을 보호했다.

여성들이 특히 마법과 마녀의 여주인 헤카테를 좋아했다. 헤카테는 밤마다 행패를 부렸고, 야생동물을 사냥할 때에는 울부짖는 개를 데리고 다니며 그녀와 만나는 사람은 누구든지 불행에 빠뜨렸다.

8) 헤르메스(Hermes) – 무역과 전령의 신

아르카디아 지방에 있는 퀼레네 산의 동굴에서 세상의 빛을 바라보는 헤르메스는 제우스와 거인 아틀라스의 딸 마이아 사이에서 태어났다. 끊임없이 자연을 누비며 돌아다니는 헤르메스는 무척 민첩한 신으로 무역, 집, 여행자들과 방랑자들의 수호신이 되었다. 이러한 기능으로 인해 헤르메스는 프로필라이스라는 별명을 가지게 된다. 헤르메스를 경배하기 위해서 길 안내 표시의 역할을 하는 헤르메스 원주(기둥과 헤르메스 흉상)가 세워졌다.

헤르메스

하지만 헤르메스의 주된 역할은 올림포스의 전령이었다. 헤르메스는 신들의 결정을 전달하고 문제를 수행하고 죽은 자들의 영혼을 하데스에게 인도하였다(헤르메스 사이코포모스).

호메로스에 의하면 헤르메스는 황금으로 된 지팡이를 들고 다닌다고 한다. 이 마법의 지팡이로 인간들을 잠들게도 하고 깨우기도 한다. 나중에 이러한 마법의 지팡이는 8가지 형태로 엮어놓은 매듭을 가진 케리케이온이 된다. 이 전령(傳令)의 지팡이는 신의 사자들이 가진 특징에 속한다. 헤르메스는 날개 달린 신발과 페타소스라는 날개가 달린 모자를 쓰고 전령의 지팡이를 든 모습으로 묘사된다.

오랜 옛날부터 헤르메스는 목동의 신으로 숭배되었으며 나중에는 그의 아들 판이 이러한 기능을 점점 더 많이 전수받게 된다. 헤르메스의 근본적인 특징은 영리함이다. 불의 마차와 칠현금, 도량형 같은 일련의 발명들이 헤르메스의 작품으로 여겨진다. 음악을 즐기는 헤르메스는 연설가의 수호신이기도 하다.

? 알고 넘어가기

올림피아에 있는 헤라이온(헤라 신전)에는 어린 디오니소스와 함께 있는 헤르메스의 조형물이 있다. 유명한 조각가 프락시텔레스의 작품으로 보인다.
신화에 따르면 신의 사신은 어린 디오니소스를 니사(Nysa)의 님프들에게 데리고 가 그들에게 디오니소스를 기르게 한다. 대리석으로 된 조각상은 님프들에게 가는 길에서 쉬고 있는 아름다운 젊은 헤르메스의 모습을 보여준다.

9) 헤스티아(Hestia) – 화로의 여신

크로노스와 레아의 딸 헤스티아는 종종 올림포스의 신으로 간주되기도 한다. 헤스티아는 성스러운 화로의 불의 여신이며, 가정의 평화를 지키는 수호신이며, 보호가 필요한 사람들과 맹세의 수호신이다. 사람들은 식사를 하기 전에 언제나 그녀에게 작은 제물을 바쳤다.

10) 호라이(Horae) – 계절의 여신들

호라이들의 어머니인 티탄 테미스처럼 디케(Dike, 정의), 에우노미아

평생 순결을 지키며 헤스티아를 모시는 신녀들

(Eunomia, 질서) 그리고 에이레네(Eirene, 평화)는 인간들의 법질서를 수호한다. 호메로스는 호라이들이 올림포스산을 에워싸고 있는 구름을 움직인다고 하였다.

계절의 여신으로서 아테네인들은 호라이를 탈로(Thallo, 개화기의 여신), 아욱소(Auxo, 성장의 여신), 카르포(Karpo, 결실의 여신)라고 부르기도 하였다.

! 묘사

뮌헨의 글립토테크미술관에 있는 대리석 조각상(2세기의 복사본)은 아기 플루토(재물 및 부의 신)와 함께 있는 평화의 여신 에이레네의 모습을 보여준다.

쫓는 판과 쫓기는 시링크스

11) 판(Pan) - 숲과 목초지의 신

헤르메스와 님프의 아들 판은 몸 전체에 털이 나 있으며 염소뿔과 염소발을 가지고 태어났다. 익살꾼인 판은 디오니소스의 추종자에 속하며 요정들에 열광하여 그들을 쫓아다닌다. 요정 시링크스(Syrinx)는 판을 피해 도망가는 동안에 갈대덤불로 변하기도 한다. 숲과 목초지의 신은 갈대를 잘라서 입에 대었고 이러는 중에 목동의 피리를 발명하게 된다.

원래 숫염소의 형상을 한 목동과 사냥의 신은 아르카디아에서 숭배되었다. 아테네인들은 마라톤에서 페르시아 병사들이 도주한 것에 대한 은공을 판에게 돌리며 그를 위한 제식을 도입한다. 아테네인들은 아테네 아크로폴리스의 동굴에서 요정들과 함께 판을 숭배하였다.

아테네박물관에서는 BC 2세기 말의 유명한 단체 대리석상 〈판, 아프로디테와 에로스〉를 볼 수 있다. 어린 에로스는 힘센 판에게 날아가서 그의 왼쪽 뿔을 잡고 있고, 힘이 세고 수염이 난 판은 사랑의 여신에게 다가가는 탐욕스러운 모습이 표현되어 있다.

12) 셀레네(Selene) - 달의 여신

셀레네는 태양의 신 헬리오스의 누이동생이자 아내이다. 달을 대표하는 그녀는 신화에 따르면 하늘 위에서 달을 안내해야만 한다. 저녁에 헬리오스의 마차가 서쪽으로 질 때 셀레네가 바다 위로 떠오른다. 두 마리의 말(또는 두 마리의 소)이 끄는 마차로 밤하늘을 돈다. 셀레네는 날개를 달고 있으며, 빛나는 하얀 옷과 빛을 발하는 왕관을 쓰고 있다. 그 왕관에서 뿜어져 나오는 희미한 빛이 하늘과 땅 위로 쏟아진다. 셀레네는 바다에 몸을 씻었다.

신화에 따르면 어느 날 밤 셀레네는 하늘 아래를 내려다보다가 양치기 엔디미온(Endymion)을 보게 된다. 셀레네는 그의 아름다움에 어찌할 바를 모르고 그 자리에서 사랑에 빠진다. 그의 옆에 누워 있느라 밤의 의무를 소홀히 한다. 밤의 빛이 사라지자 화가 난 제우스는 셀레네를 벌할 것을 결심하며 엔디미온이 영원히 잠을 자도록 한다. 하지만 그러한 벌도 위풍당당한 소년에 대한 달의 여신의 사랑을 멈출 수는 없었다. 오늘날까지도 셀레네는 그녀가 사랑하는 애인을 애무하기 위해서 매달 며칠 밤을 훔쳐서 달이 없는 어두운 밤을 만든다.

셀레네는 달의 화신일 뿐만 아니라 마법사들의 수호성인이기도 하다. 그렇기 때문에 마법사들은 치료와 마법의 약초를 수집할 때 밝은 태양의 빛보다는 달빛을 선호한다.

달의 여신 셀레네

5. 신화 속의 영웅들

그리스 종교는 신들만이 아니라 신에서 이어지는 초자연적인 존재들의 범주를 알고 있었다. 신들과 인간들의 중간에 위치한 위대한 영웅들 말이다. 그들은 헤라클레스와 제우스의 아들들 같은 신화 속의 전사들, 헬레나와 문화전달자 프로메테우스 같은 이들이다.

이들은 공통점을 지니고 있었다. 영웅들은 호의적이기도 하지만 나쁜 의도를 가지고 행동하기도 하며 모든 종류의 병을 가져다주기도 한다.

신들과 반대로 그들의 활동 공간은 협소하다. 그들을 위한 제식도 영웅들의 묘에만 집중된다. 종종 신과 영웅 사이의 경계가 분명치 않는 경우가 있는데, 예를 들어 헤라클레스와 같은 이들은 일시적으로 신으로 숭배되기도 하였다.

1) 헤라클레스(Harakles) – 신적인 힘을 가진 영웅

그리스인들이 가장 사랑하는 영웅은 헤라클레스일 것이다. 그는 신들의 아버지 제우스와 암피트리온(Amphitryon, 페르세우스의 손자)의 아내인 알크메네(Alcmene) 사이에서 태어났다. 헤라클레스는 고대의 힘, 용기, 용감함의 화신이었다. 끊임없는 용기와 노동을 통해서 인간들을 고통으로부터 구해주고 곤경에서 빠져나오게 하는 승리의 조력자였다. 이러한 역할을 통해서 후에 로마 황제 코모두스(Commodus, 180~192년 집권) 같은 경우는 자신을 헤라클레스와 동일시하기도 하였다.

철학자들은 헤라클레스를 혼신을 다하여 불멸의 생을 얻어낸 덕행의 모범으로 여긴다. 코미디와 풍자극에서는 민족의 영웅 헤라클레스의 다른 측면의 특징을 볼 수 있다. 극중의 헤라클레스는 영웅이라기보다는 인간적인 측면을 더 많이 보여준다. 금세 화를 불끈 내고, 먹는 것을 좋아하고, 술도 잘 마시며, 여성들을 좋아하는 평범한 한 남자의 모습으로 그려져 있다.

왼쪽부터 아폴론, 헤라클레스, 아테나.

빛나는 영웅은 BC 5세기 무렵부터 로마제국의 숭배를 받았다. BC 4세기 초반에는 로마신들의 제식(렉티스테르니움)에도 참여했다. 영웅 헤라클레스는 로마에 있는 그리스 상인들을 위해서 나중에는 일반적인 무역과 교역의 신이 됐다. BC 312년 고대 로마의 감찰관 아피우스 클라우디우스 카에쿠스(Appius Claudius Caecus)가 사랑받는 대관 헤라클레스(헤라쿨레스)를 국가제식에 받아들였다. 로마의 헤라클레스는 빅토르(승리자)와 인빅투스(패배하지 않는 자)라는 별명을 얻게 된다.

탄생과 어린 시절

헤라클레스가 태어나기 전에 제우스는 곧 태어날 페르세우스의 후세가 미래에 미케네를 지배하게 될 것이라고 예언한다. 질투심이 많은 헤라는 이 예언이 마음에 들지 않았다. 헤라는 알크메네의 출산을 늦추고 스테넬로스의 아들 에우리스테우스(Eurysteus)를 먼저 태어나게 한다.

이러한 방식으로 에우리스테우스는 미케네의 지배자가 된다.

태어난 지 8개월밖에 안 된 어린 나이에 헤라클레스는 그보다 하루 늦게 태어난 쌍둥이 동생 이피클레스(Iphicles)에게 자신이 가진 신적인 힘을 증명한다. 어느 날 헤라가 두 마리의 거대한 뱀을 아이들의 방 안으로 들여보냈다. 그의 동생은 무서워서 울음을 터뜨렸다. 반면에 용감한 아기 헤라클레스는 주저하지 않고 작은 손으로 뱀을 잡아서 뱀이 죽을 때까지 목을 눌렀다. 놀란 아버지는 예언자 테이레시아스(Teiresias)를 부른다. 예언자는 괴물, 바다의 광포함 그리고 심지어 거인들과 맞서도 이아이는 승리할 것이라며 어린 아이의 범상치 않은 미래를 예언한다.

헤라클레스는 테베에서 마차 조종의 기술, 활쏘기, 칼싸움, 격투, 레슬링 같은 것을 교육받는다. 학습에 대한 욕구가 강한 소년은 아쉽게도 인내심이 그렇게 많지는 않았다. 매번 그는 통제할 수 없는 성격 때문에 다른 이들을 두들겨 팼다. 한번은 키타라 연주를 할 때 그의 선생 리노스(Linos)가 그를 나무랐다. 헤라클레스는 즉각 칠현금으로 스승을 두들겨 팼다. 암피트리온(Amphitryon)은 그의 아들을 키타이론 산의 소떼들에게 보낸다. 목동들과 함께 생활하면서 헤라클레스는 건장한 남자로 성장한다.

여기에서 헤라클레스의 첫 번째의 영웅적 행동이 일어난다. 소 떼들이 사자의 공격을 받았을 때 18세의 헤라클레스는 주저하지 않고 동물의 왕에 맞서 싸워 맨손으로 사자를 때려죽인다. 얼마 지나지 않아서 헤라클레스는 오르코메노스 왕의 과다한 전쟁배상금으로부터 테베인들을 자유롭게 해준다. 테베의 왕 크레온(Creon)은 그에게 감사의 표시로 그의 딸 메가라(Megara)를 아내로 맞이하도록 해준다.

젊은 영웅의 명성은 빠르게 퍼져갔고 여전히 남편의 아들에 대해 질투심을 느끼는 헤라도 그 명성을 듣게 되었다. 헤라는 헤라클레스를 해치기 위해서 그를 광기발작으로 고통 받게 한다. 헤라클레스는 결국 그의 광기로 자신의 아내와 아이들을 죽이게 된다. 끔찍한 광기가 사그라지면서 헤라클레스는 자신이 한 짓을 인식하고 가족을 죽인 죄책감으로 깊은 슬픔에 빠진다. 슬픔에 가득 찬 영웅은 델포이의 신탁에 문의하고 피티아는 그에게 말한다.

"당신이 끔찍한 살인에 대한 죄에서 벗어나길 원한다면 12년 동안 에우리스테우스의 종이 되어 그가 원하는 임무를 마쳐야만 합니다."

12번의 모험

헤라클레스는 지체하지 않고 그가 직접 깎은 몽둥이와 헤르메스의 검과 아폴론의 활과 화살로 무장하고 아르고스를 지나 에우리스테우스 왕을 찾아간다. 헤라클레스가 겪은 수많은 모험들은 지금까지도 이야기 속에서 여전히 살아 전해오고 있다. 젊은 영웅은 펠로폰네소스 사람들이 가장 좋아하는 영웅이며 후에는 전체 그리스의 민족 영웅이 된다.

(1) **네메아의 사자** – 헤라클레스의 담력 시험을 위해 에우리스테우스 왕은 펠로폰네소스의 숲에 모여 있는 네메아 사자들의 털가죽을 가져오라고 한다. 그것도 털가죽에 상처를 내서는 안 된다. 헤라클레스는 티폰과 에키드나가 만들어낸 괴물을 발견하고 화살을 쏜다. 하지만 그 괴물은 꼼짝도 하지 않는다. 그래서 영웅은 사자를 동굴로 몰아서 결국 자신의 손으로 목을 졸라 죽인다. 헤라클레스는 벗겨낸 털가죽을 입고 그 이

후로 사자의 머리를 투구처럼 쓰고 다닌다.

(2) 레르네 지방의 히드라 – 레르네 지방에 머리가 9개인 물뱀이 나타나 가축 떼에 엄청난 피해를 주고 있었다. 헤라클레스는 인간과 가축들의 골칫거리에 맞서 싸운다. 헤라클레스는 뱀의 머리를 하나씩 잘라버린다. 하지만 잘라진 머리에서 각각 두 개의 새로운 머리가 생겨난다. 게다가 영웅의 발을 무는 거대한 게가 물뱀을 도우러 나타난다.

히드라와 싸우는 헤라클레스

헤라클레스는 우선 거대한 게를 죽인 후 이 모험에 동반한 자신의 조카 이올라오스(Iolaus)에게 도움을 청한다. 이올라오스는 인접한 숲에 불을 지르고 헤라클레스는 히드라의 머리를 횃불로 태워 버린다. 이러한 방법으로 헤라클레스는 히드라의 불멸의 머리를 몸통에서 분리하는 데 성공한다. 헤라클레스는 자신의 화살촉을 물뱀의 독피로 적신다. 헤라클레스의 화살은 그 이후 절대로 치료할 수 없는 상처를 내는 무기가 된다.

(3) 케리네이아의 암사슴 - 헤라클레스는 아르카디아에 살고 있는 황금으로 된 뿔과 청동의 발을 가진 암사슴을 산채로 잡아와야만 했다. 헤라클레스는 여신 아르테미스의 성수(聖獸)인 사슴을 잡기 위해 무진 애를 썼다. 헤라클레스는 1년 동안이나 이 암사슴을 쫓았으며 결국 화살로 상처를 내어 사슴을 잡을 수 있었다.

(4) 에리만토스의 멧돼지 - 화가 날 때면 수많은 경작지를 파괴하는 무시무시한 야생 멧돼지를 상처 없이 사냥해야만 했다. 멧돼지가 나타나 행패를 부리는 에리만토스 산으로 가는 길에 헤라클레스는 우선 폴로스(Pholos)와 켄타우로스와의 모험을 극복해야만 한다. 격투가 시작되고 폴로스는 독이 묻은 화살에 맞아 죽는다.

결국 멧돼지를 발견한 헤라클

휴식을 취하는 헤라클레스상

레스는 멧돼지가 지칠 때까지 눈 속을 헤매며 사냥을 해서 결국 잡은 멧돼지를 자신의 어깨에 둘러매고 에우리스테우스 왕에게로 운반한다.

(6) 스팀팔스 호반의 새들 – 아르카디아에 있는 스팀팔스 호반에는 청동깃털을 가진 인간을 잡아먹는 강력한 맹금류들이 살고 있었다. 이 새들은 인간과 동물에게 청동깃털을 화살처럼 쏠 수 있었다. 헤라클레스는 새들이 살고 있는 스팀팔스 늪지에 가서 숲속에 숨어 있는 새들을 유인하기 위해서 아테나에게 받은 구리방울을 이용한다. 너무나도 커다란 방울 소리에 새들이 놀라서 날아가자 영웅은 화살과 활을 이용해 새들을 한 마리씩 쏘아 떨어뜨린다.

(5) 아우게이아스의 외양간 – 엘리스의 왕 아우게이아스는 거대한 가축 떼를 소유하고 있다. 헤라클레스는 그의 외양간을 단 하루 만에 모두 청소해야 했다. 절대로 하루 만에 청소를 끝낼 수 없을 거라고 생각한 아우게이아스 왕은 헤라클레스에게 가축 떼의 10분의 1을 주겠다고 약속한다. 헤라클레스는 일을 시작한다. 그는 외양간의 벽을 부수고 아르페이오스와 페네이오스 강물을 외양간으로 흘러 들어가게 한다. 홍수가 외양간의 모든 쓰레기들을 쓸어내 버린다.

(7) 크레타 섬의 황소 – 어느 날 크레타의 미노스 왕이 바다의 신 포세이돈에게 제물로 바칠 아름다운 가축을 보내달라고 청한다. 바다의 신은 파도를 일게 해서 세상에서 가장 멋진 황소가 떠오르도록 한다. 미노스 왕은 이 동물의 아름다움에 눈을 뗄 수가 없어서 황소 대신에 다른 동물

을 제물로 바친다. 그 일을 알고 불같이 화가 난 포세이돈은 황소를 미치게 만든다. 그 이후 황소는 크레타 섬에서 마구 행패를 부리게 된다.

이 미친 황소를 헤라클레스가 죽이지 않고 에우리스테우스 왕에게 가져가야만 했다. 헤라클레스는 결국 그 황소를 길들여서 등에 짊어지고 바다를 건너 돌아온다. 에우리스테우스 왕은 헤라를 경배하기 위해서 그 황소를 제물로 바치고자 하지만 헤라가 거절하자 결국 황소를 다시 자유롭게 풀어주었다.

(8) 디오메데스의 말들 – 아레스의 아들인 트라키아의 디오메데스 왕은 인간을 잡아먹는 야생마를 소유하고 있었다. 헤라클레스는 디오메데스 왕에게 말들의 양도를 요구하지만 왕은 거절한다. 그래서 영웅은 디오메데스 왕을 말들이 잡아먹도록 던져버린다. 이러한 방식으로 헤라클레스는 야생마를 길들여 에우리스테우스 왕에게 가져온다.

(9) 히폴리테 여왕의 허리띠 – 에우리스테우스 왕의 딸 아드메테는 아마존의 여왕 히폴리테의 허리띠를 갖고 싶어 한다. 헤라클레스는 그것을 가져오라는 명령을 받는다. 헤라클레스는 자신의 명성을 잘 알고 있는 아마존 종족의 환대를 받는다. 히폴리테 여왕은 심지어 헤라클레스에게 허리띠를 선물할 준비를 하고 있었다.

하지만 복수에 목이 마른 여신 헤라가 직접 아마존의 한 여성으로 변신해 이들 내부에서 불화를 조성하고 전투적인 여성들을 선동해 헤라클레스와 그의 동행인들과 맞서 싸우게 만든다. 이 싸움에서 아마존 종족은 패배하고 히폴리테 여왕도 죽음을 맞는다. 헤라클레스는 승리감에

벅차서 허리띠를 가지고 미케네로 다시 돌아가는 항해를 한다.

(10) 게리온의 소 떼 – 고르고 메두사의 아들로 몸이 세 개나 되는 게리온은 많은 수의 소 떼들을 소유하고 있었고, 거인 양치기 에우리티온(Eurytion)과 머리가 12개나 되는 개 오르토스(Orthus)가 그 소 떼들을 지키고 있었다.

헤라클레스는 에우리스테우스 왕에게 그 소 떼를 미케네로 데려오라는 명령을 받는다. 그곳으로 가는 도중 헤라클레스는 몇 가지의 모험을 하게 된다. 마침내 에리테이아 섬에 도착한 영웅은 자신의 몽둥이로 양치기와 개를 죽이고 소 떼들을 미케네로 몰아서 간다.

(11) 헤스페리데스의 사과 – 헤라클레스는 에우리스테우스 왕으로부터 헤스페리데스의 정원에서 세 개의 황금사과를 가져오라는 청탁을 받는다. 그곳으로 가는 길에 헤라클레스는 거인 안타이오스(Antaios)를 물리친 후 잔인한 이집트의 왕 부시리스(Busiris)를 죽이고 프로메테우스를 풀어준다.

(12) 지옥의 개 케르베로스 – 헤라클레스의 마지막 모험이자 가장 위험한 모험은 지옥의 개 케르베로스(Kerberos)를 지하세계에서 데리고 오는 것이었다. 머리가 세 개인 괴물 케르베로스는 지하세계로 들어가는 입구를 지키고 있으며, 그래서 어느 누구도 살아서 도망갈 수 없었다.

헤라클레스는 지하세계의 신 하데스를 만나는 데 성공한다. 지하세계의 신은 그에게 케르베로스를 데려가도 좋다고 허락한다. 단 지옥의 개를 무기 없이 대적해야만 한다는 조건을 단다. 그래서 헤라클레스는 맨손으로 괴물과 격투를 벌이고 괴물이 기절할 때까지 목을 조른다. 케르베로스와의 싸움에서 이긴 헤라클레스는 개를 묶어서 그의 어깨에 짊어지고 미케네의 왕에게 가져간다. 에우리스테우스 왕은 끔찍한 괴물을 보고 놀란다. 이후 지옥의 개가 어떤 짓을 할지 그 누구도 알 수 없었기 때문에 케르베로스는 결국 지하세계로 다시 돌려보내진다.

? 알고 넘어가기

에우리스테우스 왕의 시중을 든 후에도 헤라클레스는 수많은 영웅적 모험을 벌였다. 헤라클레스는 현세에서 한 번 죽고 난 후에야 비로소 올림포스신들의 범주에 받아들여졌다. 그곳에서 헤베(청춘과 봄의 여신)를 아내로 맞이한다.

2) 프로메테우스(Prometheus)
– 인간의 은인

프로메테우스는 티탄신족인 이아페토스(Iapetos)와 오케아니데스(Oceanids), 클리메네(Clymene)의 아들이다. 인간들은 프로메테우스가 불을 가져다준 것에만 감사하지 않는다. 프로메테우스는 기술과 숙련을 인간들에게 가르쳤다. 다른 티탄족과 반대로 프로메테우스는 단지 물리적인 힘만으로 모든 신들의 아버지에게 대항한 것이 아니라 술

불을 훔치는 프로메테우스

판도라의 상자

독수리에게 간을 쪼아 먹히는 프로메테우스

수와 꾀로 무너뜨리고자 하였다.

메코네에서 제물을 바칠 즈음에 프로메테우스는 신들의 아버지를 속이려고 한다. 소의 위 속에 먹기 좋은 고기를 숨기고 제우스에게는 기름기 흐르는 지방으로 덮어놓은 뼈를 선택하도록 한다. 자신이 속은 것을 알게 된 제우스는 그 대가로 인간들을 벌하게 된다. 인간들로부터 불을 빼앗아버린 것이다. 하지만 이번에도 프로메테우스가 천상의 화롯불에서 불꽃을 훔쳐와 인간들에게 전해준다.

제우스는 분노하여 날뛰면서 대장장이신 헤파이스토스에게 명하여 흙으로 여신을 닮은 처녀 판도라를 빚게 한다. 제우스는 판도라에게 상자를 하나 주면서 절대로 열어 보지 말라고 경고한 뒤에 프로메테우스의 아우인 에피메테우스(Epimetheus)에게 보냈다. 너무나 아름다운 처녀 판도라는 재앙을 가져다줄 특사가 된다.

판도라는 에피메테우스와 결혼하여 평화로운 나날을 보내던 중 제우스가

준 상자가 생각났다. 제우스의 경고가 떠올랐으나 호기심이 두려움을 앞서 상자를 열고야 말았다. 그 순간 상자 속에서 슬픔과 질병, 가난과 전쟁, 증오와 시기 등 온갖 악(惡)이 쏟아져 나왔다. 놀란 판도라가 황급히 뚜껑을 닫았으므로 희망은 빠져 나오지 못하였다. 이때부터 인간은 이전에는 몰랐던 모든 고통을 영원토록 겪게 되었으나 어떤 어려움 속에서도 희망을 간직하며 살게 되었다고 한다.

하지만 제우스는 인간들뿐만 아니라 프로메테우스도 벌하고자 하였다. 그의 명령에 따라 프로메테우스는 캅카스의 바위에 묶인 채 낮이면 독수리에게 간을 쪼아 먹히고 밤이면 다시 원래대로 회복되는 끔찍한 형벌을 당하였다. 프로메테우스의 고통은 헤라클레스가 독수리로부터 그를 해방시켜줄 때까지 계속되었다.

인간들은 프로메테우스가 자신들에게 기술과 과학을 가르치고 불을 넘겨주었다는 것을 잊지 않았다. 아테네에서는 특히 도공들이 그를 수호성인으로 받들었다. 그를 경배하기 위한 프로메티아(Prometia) 축제에서는 횃불행진이 열린다. 사람들은 프로메테우스 제단의 새로운 불을 도시로 가져왔다.

헤시오도스의 《신통기》에서 프로메테우스는 제우스에 대항하는 고집 센 무법자로 표현된다. 반면 아이스퀼로스(Aischylos)[8]는 그를 인간들의 창조자이자 은인으로서 제우스에게 반항하는 모습으로 묘사한다. 신들 중에서 프로메테우스는 불과 대장장이신 헤파이스토스와 가장 가깝게 지낸다.

3) 테세우스(Theseus)
– 아테네의 명성

아테네의 민족 영웅 테세우스는 불가사의한 아테네의 왕 아이게우스(Aigeus)와 아이트라(Aithra)의 아들로 할아버지인 트로이젠의 왕 피테우스에게서 자랐다. 아이게우스는 트로이젠을 떠날 때 검과 샌들을 무거운 바위 밑에 숨긴 후 아이트라에게 아들이 바위를 치우고 검과 샌들을 꺼

검과 샌들을 꺼내는 테세우스

낼 수 있을 때에 아테네로 보내라고 말한다. 어린 소년일 때부터 테세우스는 엄청난 힘을 가진 육체를 가졌다. 그렇기에 그의 어머니는 그를 바위가 있는 곳으로 데려가서 바위를 들어 올리라고 하였다. 테세우스는 말이 떨어지자마자 그 바위를 옆으로 밀고 아버지의 샌들을 신고 검을 찬 후 아버지를 찾아서 아테네로 간다. 도중에 그는 수많은 모험을 이겨내야만 했다.

테세우스의 모험

테세우스는 코린트(Corinth)로 가는 길에서 페리페테스(Peripetes)를 만난다. 페리페테스는 쇠로 된 몽둥이로 인간들을 땅에다 내동댕이쳤다. '몽둥이를 휘두르는 자'는 테세우스가 오는 것을 보고 길을 막는다. 하지만 테세우스는 용감하게 그에게 달려들어 짧은 격투 끝에 페리페테스

의 목을 친다. 그 이후로 테세우스는 그 몽둥이를 무기로 지니게 된다.

코린트의 지협 위에서 테세우스는 거인 시니스(Sinis)를 만난다. 시니스는 습관적으로 소나무 두 그루를 구부려서 그 길을 가던 사람을 결박한다. 높이 솟아오르는 나무들로 인해 그 속에 갇힌 희생양은 사지가 잘려 나가 죽고 말았다. 괴물은 이 방법으로 테세우스를 잡으려고 한다. 테세우스는 자신이 들고 있는 무서운 무기로 그를 공격하고 시니스가 하던 방법대로 소나무에 끼워 공중에서 사지가 갈라지도록 한다.

헤라클레스와 같은 영웅이 되기를 원했던 테세우스는 거인 스키론(Skiron)을 만나게 된다. 거인은 모든 행인들에게 자신의 발을 씻기라고 강요한다. 그 다음에 그는 행인들을 발로 차서 절벽 밑으로 떨어뜨렸다. 잔인함의 끝은 절벽 밑으로 떨어진 사람들이 거대한 바다거북의 먹이가 되었다는 것이다. 테세우스는 몽둥이로 거인을 물리친다.

마지막으로 그는 강도 프로크루스테스(Procrustes)를 만나게 된다. 그의 집에는 아주 짧은 침대와 아주 긴 침대가 각각 하나씩 있었는데, 그는 가식적인 환대로 손님을 맞아 아주 작은 사람에게는 큰 침대를 제공하고 큰 사람에게는 작은 침대를 제공하였다. 그러고 나서 프로크루스테스는 작은 사람은 침대의 길이에 맞게 억지로 몸을 늘리고 큰 사람은 침대 밖으로 넘쳐나는 신체 일부를 잘라 희생물이 침대에 딱 맞도록 하였다. 그의 잔인한 행위에 대해 테세우스는 똑같은 방식으로 프로크루스테스를 벌했다.

결국 아테네에 도착한 테세우스는 자신을 기쁘게 받아들이는 아버지를 만난다. 아테네의 번영을 위해 젊은 영웅은 몇 가지 모험을 수행한다. 그 중에서 마라톤의 황소를 길들이는 것이 눈에 띄는데, 그 황소는 예전에 헤라클레스가 크레타로부터 가져왔던 황소였다. 하지만 테세우스의 가장 위대한 모험은 크레타 섬으로 가는 여정이다.

아테네에도 불행이 닥쳐왔다. 몇 년 전으로 거슬러 올라가 아테네는 전쟁에서 크레타의 미노스 왕에게 패배하였다. 그 이후로 9년 동안 아테네 사람들은 반은 황소이고 반은 인간인 미노타우로스에게 제물로 바칠 7명의 소년과 7명의 소녀를 섬으로 보내야만 했다. 미노타우로스는 유명한 다이달로스(Daidalos)가 건축한 미로 라비린토스(Labyrinthos)에 살고 있었다. 이러한 불행을 끝내기 위해서 테세우스는 크레타로 갈 채비를 하였다.

그곳에서 그는 미노스의 딸 아리아드네의 사랑을 얻게 된다. 테세우스가 미노타우로스의 미궁으로 인도되기 전에 아리아드네는 테세우스에게 사랑을 고백한다. 나중에 그가 자신을 아내로 맞아 아테네로 데려간다면 미노타우로스를 물리칠 수 있게 도와주겠다고 약속한다. 테세우스는 아름다운 미노스의 딸 아리아드네를 보자마자 주저하지 않고 그렇게 하겠다고 약속한다. 그녀는 신성한 검과 실타래로 감사의 마음을 전한다. 테세우스는 미로 입구에 실타래를 꽉 묶는다. 미로의 정원에서 다시 빠져 나오기 위해서는 실이 계속 이어지도록 해야만 한다. 확신을 갖고 미로로 들어선 영웅은 검으로 미노타우로스를 죽이고 실의 도움으로 태양의 빛을 다시 찾는다. 아테네인들은 이러한 그의 업적을 기리며 테세우스를 영웅으로 숭배하고 축제를 벌였다.

아이게우스가 죽은 후에 테세우스는 아테네의 왕이 된다. 그는 그때까지 정치적으로 분리됐던 아티카공동체의 결합을 실현한다. 그는 오스코포리아(포도송이 나르기)와 피아놉시아(파종 축제) 같은 상당수의 축제를 만들었다.

테세우스의 영웅적 모험은 그 이후로도 계속된다. 테세우스는 아르고나우테스들의 행렬, 켄타우로스와의 전투 그리고 칼리돈의 사냥에도 참여한다. 라피테스족의 왕 페이리토오스(Peirithous)와 함께 스파르타에서 젊은 헬레나를 납치하기도 한다. 헬레나는 후에 그녀의 형제들에 의해 다시 풀려나게 된다. 페이리토오스와 함께 테세우스는 심지어 페르세포네 여신을 납치하기 위해서 지하세계까지도 뚫고 들어간다. 하데스는 두 사람을 지하세계의 절벽에 매어 놓는다. 후에 테세우스는 헤라클레스에 의해 구출된다. 반면에 라피테스의 왕 페이리토오스는 영원히 하데스의 옆에 머물러야만 했다.

아티카의 민족 영웅은 고대에 아테네를 넘어서 널리 알려졌다. 델포이에 있는 아테네인들의 신전(보물집)은 테세우스와 헤라클레스의 행적을 서로 비교할 수 있도록 하였다.

4) 페르세우스(Perseus) – 메두사를 제압한 자

페르세우스는 제우스와 다나에의 아들이다. 신탁의 예언에 의하면 그의 할아버지 아크리시오스(Akrisios)는 그의 손자들 중의 한 명의 손에 죽게 될 것이라고 했다. 그렇기 때문에 아크리시오스는 그의 딸을 지하세계의 방에 가둔다. 제우스는 천장으로부터 떨어지는 황금비로 변해 그녀에게 접근한다. 그 후 다나에는 페르세우스를 낳게 된다. 그 사실을 알게 된 아크리시오스는 다나에와 페르세우스를 나무궤짝에 넣어 바다에 버린다. 모자는 세리포스 섬에 도착하게 되며 그곳에서 폴리데크테스(Polydectes) 왕의 동생인 어부 딕티스(Dictys)에게 구출된다.

세리포스 섬의 왕 폴리데크테스는 다나에를 보자마자 사랑에 빠져 결

혼을 요청한다. 그러나 청년이 된 페르세우스의 강한 반대로 결혼에 실
패하자 질투심에 불타서 페르세우스를 제거하고자 한다. 그는 왕으로서
페르세우스에게 고르곤 메두사의 목을 가져오라고 명령한다. 무엇이든
돌로 변화시키는 메두사의 시선이 그를 죽여주길 바란 것이다.

　모험을 떠나게 된 페르세우스는 아테나, 헤르메스 그리고 바다괴물의
도움으로 이 모험에 필요한 도구들, 즉 요술두건, 마법자루(키비시스)와
날개 달린 신발을 구해 고르곤 메두사에게로 향한다. 페르세우스는 오
케아노스의 해안가에서 잠을 자고 있는 메두사를 만나게 된다. 시선이
마주치는 것은 무엇이든 돌로 바꾸어버리는 메두사의 시선을 피하기 위
해서 페르세우스는 청동으로 된 방패에 비치는 메두사의 모습을 관찰하
면서 접근한다. 헤르메스의 초승달 모양의 검으로 페르세우스는 메두사
의 머리를 잘라내고 마법자루에 넣는다. 이때 메두사의 몸통에서 날개
달린 말 페가수스가 태어난다. 메두사의 형제인 두 명의 다른 고르곤 스
테노(Sthenno)와 에우리알레(Euryale)가 그를 추적하지만 페르세우스
는 요술두건을 쓰고 그곳을 빠져 나온다.

돌아오는 길에 페르세우스는 두 번째의 유명한 모험을 이겨 낸다. 페르세우스가 에티오피아의 해안가에 도착했을 때 그곳은 케페우스(Cepheus) 왕이 다스리고 있었다. 그곳에서 그는 너무나도 아름다운 안드로메다(Andromedā)를 만나게 된다. 그녀는 절벽에 묶여 있었으며 포세이돈이 보낸 바다괴물의 제물이 되어야만 했다. 이 제물이 인간과 가축을 홍수로부터 보호할 것이라고 한다. 페르세우스는 그의 검을 괴물의 등 깊숙이 찔러 넣어 죽인 후 안드로메다를 풀어준다. 두 사람은 바로 약

다나에와 페르세우스가 궤짝에 갇혀 있는 그림

고르곤이 있는 앤티픽스

혼을 한 후 행복한 마음으로 케페우스의 궁전으로 들어간다. 하지만 얼마 지나지 않아 케페우스의 동생 피네우스(Phineus)가 자신이 안드로메다의 예전의 약혼자였음을 주장한다. 페르세우스는 자신의 연적을 죽이고 메두사 머리를 이용해 피네우스를 돌로 만들어버린다. 그들은 결혼식을 올린 후에 세리포스로 돌아온다.

메두사의 머리를 본 폴리데크테스는 돌이 되어버렸으며 어부 딕티스는 세리포스를 다스리는 왕이 되었다. 후에 페르세우스는 티린스를 지배

메두사의 머리를 들고 있는 페르세우스

하게 되었다. 신화에 따르면 그는 도시 미데이아와 미케네를 건립하였다고 한다. 페르세우스는 메두사의 머리를 아테나 여신에게 선물하였고 아테네는 즉시 자신의 방패 아이기스의 중앙에 메두사의 머리를 달았다.

> **！ 두 번째 선택**
>
> 모든 신들이 종교적인 의식에서 동등한 취급을 받지는 못했다. 에일레이티아, 아레스, 헤카테와 같이 사람들의 사랑을 많이 받지 못한 신들은 값싼 제물에 만족해야만 했다. 그들에게는 값이 비싼 소, 염소, 양 등은 바쳐지지 않았고 주로 개가 제물로 바쳐졌다.

6. 종교적 제례와 축제

　　종교적인 제례와 축제는 그리스 도시국가의 정치적이고 사회적인 조직을 위해 커다란 의미를 지니고 있었다. 이 시대에는 기도, 신에게 제물로 바치는 가축, 행렬, 춤, 음악과 신들을 위한 스포츠 경기 등 사람들의 일상과 결합한 수많은 관습들이 존재했다.

1) 기도와 제물

그리스 사람들은 기독교의 기도와 같이 조용히 눈을 감고 드리는 기도가 아니라 큰 소리로 외치면서 기도를 했다. 그들은 신들이 들어준 기도에 대해 감사하는 것이 아니라 기도를 통해서 그들을 숭배하고 경배했다. 일어선 채 두 손을 높이 올리고 신의 이름을 부르거나 종종 찬가를 부르기도 했다. 그리스의 기도는 규칙상 세 부분으로 나뉘는데 첫 번째는 신의 간청, 두 번째는 공인(기도하는 사람이 이미 신에게 어떠한 일을 하였는지를 설명한다.) 그리고 마지막 세 번째는 청원서(실질적인 도움을 요청한다.)이다.

종교적인 의식에는 동물을 제물로 바치는 것도 포함된다. 이 의식에 참여한 사람들은 함께 모여 신께 제물로 바친 동물을 나누어 먹었다. 그것은 사람들의 결속감을 강화시킨다. 신에게는 일부분만이 제물로 바쳐졌다. 제물을 나누어 먹은 사람들은 천상의 신들이 자신의 몸 안에 있다고 확신하였다. 그러한 관습은 대부분 사교성 축제 같은 것들로, 고대의 속죄의 제물과는 아무런 관련이 없다.

제물로 바칠 동물의 선택은 이러한 의식에서 아주 중요한 역할을 하였다. 특히 소가 가장 높은 가치를 지녔지만 염소나 양도 최고의 신들에게 경배의 의미로 바쳐졌다.

가장 중요한 제물의 행렬은 제물로 바친 동물과 연관하여 거행되었다. 동물들의 가치와 사람들의 신앙심은 온 세상에 공개적으로 드러난다. 더불어 수많은 다른 형태들, 즉 공개적인 혼인 체결의 일부인 결혼식 행렬 같은 것도 존재했다.

2) 축제

모든 그리스 도시국가는 고유한 신전과 축제행사로 숭배되는 특별한 신들의 보호를 받는다. 축제는 종교적인 행위와 여흥을 즐기는 사교적인 활동이 혼합된다. 또한 신들을 위한 제례의 확고한 구성 요소이다.

뮤즈 9자매 중의 한 명인 칼키오페

판아테나이아제

아테네 시민들은 아테네 최고의 축제일을 기다리고 활기차게 참여한다. 이 축제는 도시 아테네의 수호여신 아테나를 경배하기 위한 것이다. 아테나의 도움으로 이전에 테세우스가 아티카의 주민들을 동등한 민족으로 화합시켰다. 이 축제는 해마다 6일 동안 열렸지만 4년째 해당하는 해에는 더욱 특별한 축제 형식으로 진행되었다. 맨발로 하는 격투, 말을 타고 하는 격투, 합창, 윤무, 횃불 전송, 호메로스의 시를 열광적으로 낭독하는 것과 뮤즈의 연주들이 페리클레스

(BC 5세기 중반)에 의해 건축된 오이데이온(ōideion) 극장에서 교대로 진행되었다. 축제의 마지막에는 대규모의 축제행렬이 아크로폴리스 케라메이코스에서 아테나의 성전까지 이어졌다.

노예 신분에서 해방된 자들과 피난민들이 미리 아고라(Agora) 광장을 장식해두었다. 그들의 아내와 딸들이 희생물을 위해 헌주잔을 들거나 시민들의 아내와 딸들을 위해 의자를 들었고 시민들의 아내와 딸들은 제물이 담긴 바구니를 가지고 있었다. 그리고 그들의 중앙에는 모형배가 놓여 있었다. 그 배의 닻은 가장 오래된 여신의 그림을 위해 직물로 짜고 엮은 천으로 이루어져 있었다. 국가 고위관리들과 신분이 높은 다른 아테네인들은 올리브가지로 화환을 장식하여 뒤를 따랐고, 마지막에는 나머지 시민들과 아테네의 젊은이들이 무기장식을 하고 뒤를 따랐다.

❗ 파르테논 프리스

파르테나이아제 행렬 장면과 여신 아테나가 선물을 받는 모습이 BC 5세기에 페이디아스의 작품인 파르테논 프리스에서 묘사된다.

테스모포리아 축제

데메테르제식의 주요 축제는 테스모포리아이다. 여성들의 풍요의 축제이며 남성들의 참여는 금지됐다. 테스모포리아는 매년 늦가을 아테네의 파종 시기에 거행된다. 3일(혹은 5일 또는 10일이라고 하기도 한다)에 걸쳐 그리스 여성들은 데메테르를 경배하기 위해서 이 축제를 열었다. 축제기간인 3일은 각각 그 날의 고유한 명칭을 가지고 있다. 첫 번째 날은 아노도스(Anodos, 상승), 두 번째 날은 네스테이아(Nesteia, 금식) 그리고 세 번째 날은 칼리제네이아(Kalligeneia, 아름다운 탄생)이다.

첫 번째 날에는 여성들이 제식도구와 식량 그리고 제물로 바칠 동물을 가지고 데메테르의 신전으로 행진하며 그곳에 천막을 친다. 이 날에는 페르세포네의 지하세계로부터의 귀환과 상승을 추모한다. 두 번째 날에는 참가자들이 금식을 하고 세 번째 날에는 제물을 바치고 성대한 연회를 펼친다.

특정의 여성들, '창조자들'이 뱀이 꿈틀거리는 구덩이에서 횃불과 과자 조각의 잔재와 솔방울을 가지고 온다. 이것들을 제단 위에 거름으로 놓고 나중에는 씨앗과 섞는다.

안테스테리아 축제

2월이 되면 아테네에는 사흘 동안 디오니소스를 경배하기 위한 축제가 열린다. 이때도 매일 그 날만의 특유의 이름이 붙여진다. 첫 번째 날인 피토이가이에는 와인항아리를 처음으로 열고 새로운 와인의 맛을 본다. 두 번째 날인 코엔에는 다양한 제식이 거행되며 그 중에서도 풍자의 노래가 수반되는 마차행렬과 함께 '디오니소스와 함께 하는 바실리

원반던지기 선수

나의 신성한 결혼식'이 거행된다. 그 날의 절정은 와인을 마시는 향연이며 성직자가 도시의 고귀한 시민들에게 청하는 것이다. 세 번째 날인 치트레에는 특별한 곡물이 죽은 이들을 위해 요리됐다. 이 음식은 헤르메스와 홍수의 희생양들에게 바쳐졌다.

레나이아 축제

매년 1월에 아테네에서 열리는 레나이아 축제는 디오니소스를 경배하기 위해서 열렸다. 이 축제의 이름은 민첩한 디오니소스 시중들의 합창 레나이로부터 유래한다. 축제가 진행되는 동안에 5편의 코미디극과 두 편의 비극 그리고 한 편의 풍자극이 상연된다.

대 디오니소스 축제

주신 디오니소스를 경배하기 위한 축제 중 가장 많이 알려진 축제가 대 디오니소스 축제이다. 노래와 연극의 상연은 가장 중점에 서 있다. 축제의 전야에는 디오니소스의 그림이 아크로폴리스의 남쪽 비탈에 있는 오래된 디오니소스 성전으로 옮겨진다. 이 그림은 축제의 행렬과 함께 운반되며 횃불의 안내를 받는다.

히아킨티아 축제

펠로폰네소스에는 스파르타로부터 그리 멀지 않은 아미클라이에서 히아킨티아 축제가 열렸다. 이 축제는 그리스 이전의 성장의 신 히아킨토스(Hyakintos)를 경배하기 위한 것이었으나 나중에는 아폴론을 경배하게 된다. 신화에 따르면 아폴론이 히아킨토스를 위하여 그 축제를 시작하였다고 한다.

히아킨토스는 그리스의 유서 깊은 집안에서 태어나 태양신 아폴론의 총애를 받은 미소년으로 어느 날 아폴론과 함께 원반던지기 놀이를 즐기던 중 아폴론이 던진 원반에 이마를 맞아 목숨을 잃는다.

히아킨티아 축제에서는 첫 번째 날은 애도의 시간을 보내고 그 다음에는 경주가 이어지고 젊은이와 처녀들의 행렬과 연회가 이어졌다. 거기에는 평상시에 멸시받았던 노예들의 참가도 허락되었다. 그리고 다른 흥미로운 것들이 이어진다. 그렇게 사람들은 히아킨토스의 죽음과 부활을 경배한다. 아폴론의 신전에 있는 그의 무덤은 아미클라이 쪽을 향하고 있다.

카르네이아

예전의 야생생활에 대한 추모가 매년 8월에 스파르타에서 거행되며 카르네이아를 일깨운다. 시민들은 그늘이 드리워진 정자에서 함께 음식을 먹으며 제물을 바치고 음악경연이 펼쳐지는 9일 동안의 축제가 진행되었다.

민속경기

고대 그리스에서는 도시국가에서만이 아니라 그리스인들이 이주한 전 지역에서 최고의 주목을 받는 범헬레니즘식이라 불리는 거대한 경연 아곤(agon)이 열렸다. 이 경연에는 올림피아제, 이스트미아제, 피티아제 그리고 네메아제가 포함되었다.

AD 394년까지 제우스의 숲으로 둘러싸인 엘리스에 위치한 올림피아의 신성한 성전들은 올림픽이 열리는 동안 선수들의 경기 장소로 활용

되었다. 기록이 남아 있는 가장 오래된 승자의 목록은 BC 776년부터 전해진다.

제우스와 헤라에게 바쳐진 축제의 종교적인 특징은 축제가 열리는 날에는 규정상 모든 나라가 잠정적인 휴전상태가 된다는 것이었다. BC 586년부터 AD 396년까지 아폴론의 신탁을 받드는 피티아들이 델포이 근처에 정착했다. 스포츠와 음악 경연이 열린 후에 아폴론에게 바치는 제물이 올려졌다. 코린트 근처에서 2년마다 포세이돈을 경배하기 위해서 이스트미아제 그리고 제우스를 위해서 네메아제와 같은 축제가 열렸다.

경기의 우승자들에게 주어진 항아리

3) 비밀종교의식

독자적인 축제와 제물을 바치는 행렬이 함께 하는 호메로스식 종교의식이 도시에서 공개적으로 개최되기도 했다. 더불어 이승과 저승에서 개개인에게 부가적인 안전을 보장하는 비밀종교의식도 존재했다. 비밀종교의식의 제례형태는 그리스 전체에 퍼져 있었다. 비밀종교의식은 디오니소스를 제외하고도 두 명의 이집트신인 풍요의 여신 이시스(Isis)와 대지의 신 오시리스(Osiris) 그리고 천 개의 눈과 귀를 가진 페르시아의 신 미트라(Mithra)를 위해 존재했다. 곡식의 여신 데메테르와 그녀의 딸 페르세포네를 위한 엘레시우스 제전도 있었다. 소아시아의 신들의 어머니, 또한 마그나 마테르(Magna mater)라고 불리는 메테르(Meter)를 위한 제례도 있었다.

엘레시우스 제전

데메테르 여신이 도입한 엘레시우스 제전은 그리스에서 거의 2000년 동안 지속되었다. 그 후 AD 396년에 가장 오래된 유럽의 종교적인 중심지가 파괴됐다.

엘레시우스 제전은 그리스인 한 사람이 평생 동안 단 한 번만 제전에 참가할 수 있었다. 철학자와 시인들 그리고 정치가들은 엘레시우스 제전을 삶의 최고의 절정으로 묘사했다. 풍요의 여신은 참가자들에게 출생과 죽음의 불가사의를 전달했다. 삶에 기뻐하고 죽음을 두려워하지 않고 죽는 그런 기술이었다고 한다.

소례(연초)와 대례(가을)로 결합된 제식을 통해서 인간들은 죽은 후에 특별한 축복을 받았다. 아테네의 법은 사형을 판결할 때 엘레시우스에서의 과정에 대해 절대 침묵할 것을 요구했다.

4) 사원과 신전

BC 8세기에 아테네의 아크로폴리스 위에 파르테논 신전이 세워졌다. 그 이전 사람들은 성전에서 신들을 숭배했다. 이 성전들은 신들을 위해 예약된 땅 테메노스(Temenos), 물이 있는 곳, 골짜기 또는 동굴, 나무나 숲, 돌과 제단으로 구성되었다. 성직자들은 성전의 보물을 지키고 신을 숭배하기 위한 제물들을 바쳤다. 성직자가 없는 곳에서는 신앙심을 가진 이들이 스스로 제물을 바칠 수 있었다.

사원의 경우는 고대의 저택(메가론)의 형태로 남아 있는데, 정사각형의 확 트인 공간과 입구에는 기둥이 세워진 현관이 있었다. 그곳은 사람들이 숭배하는 신이 머무는 곳이었으며 신앙인들이 모이는 장소가 아니었다. 제단은 대부분 사원의 입구 측면에 놓여 있었다. 감사와 기원을 위한 봉납물은 성전의 주위와 특별한 보물창고에 내려놓았다. 그리고 이것을 제거하는 것은 불법으로 간주했다.

사원과 성전은 신을 부르고 제물을 바치기 위해 존재하는 것만은 아니었다. 동물들이 제물로 바쳐졌지만 열매나 과자 그 외에도 수많은 것들이 신에게 바쳐졌다. 사원과 성전은 다양한 기능을 했으며 특히 신의 보호 아래 놓여 있는 안전한 장소로 여겨졌다. 그 장소는 정치적으로 쫓기는 자들이나 노예들 그리고 범죄자들에게 도피처를 제공했다. 몇몇 사원은 법조문을 보관하여 기록보관소의 기능을 했다. 결국 이러한 모든 것들이 봉헌물의 봉납에 기여했다. 시간이 흐르면서 크고 작은 입상들, 수확이나 매매물의 일부, 가구나 그릇 또는 진기한 물건들이 그 안에 쌓여갔다.

註 ─────

1) BC 490~BC 430, 고대 그리스의 조각가. 기원전 5세기 무렵에 아티카의 고전 조각을 완성시킨 사람으로, 〈아테나 파르테노스상〉, 〈제우스 좌상〉 등의 작품이 있다.

2) 기원전 5세기 후반의 조각가. 인체 각부의 비례, 전신의 균형 따위를 연구하여 인체미의 기준을 수립하였다. 인체의 아름다움에 관한 이론서 《카논(Canon)》을 저술하고 〈카논상〉을 만들었다.

3) 그리스 신화에 나오는 바다의 신 네레우스의 50명의 딸들의 총칭

4) 포세이돈을 위해 코린트지협에서 열리는 체육, 예술경연대회

5) 풍요의 여신 데메테르를 기리기 위한 일종의 풍요제로써 전적으로 여성들에 의해 주관되고 여성들만 참여하는 축제이다. 대지의 풍요를 기원하고 여성의 풍요, 즉 자식의 생산을 기원하는 축제이다.

6) 고대 그리스의 작은 현악기. 하프와 비슷하며, U자나 V자 모양의 울림판에 넷, 일곱 또는 열 개의 줄을 매고 손가락으로 뜯어서 연주한다.

7) 고르곤은 머리가 뱀이어서 보는 사람은 무서워 돌이 되어버렸다는 세 자매 중의 하나, 특히 페르세우스에게 살해된 메두사이다.

8) 고대 그리스의 대표적인 비극 작가이다.

II

로마 신화

알티탈리아, 에트루리아, 그리스 신앙심의 융화로 로마에서도 신에 대한 숭배와 종교가 싹트게 되었다. 신을 두려워하는 로마인 전체의 삶이 신들의 보호 속에 놓이게 된 것이다. 신성한 보호자에 대한 감사와 존경을 나타내기 위해 개인적으로나 공적으로나 어디에서든 그들을 위한 영역이 존재하게 되

로마인의 광장(Forum Romanum)

었다. 기도 또는 제물이나 봉헌을 통한 신에 대한 경배는 엄격한 규율을 따랐다. 그리고 그것을 이행할 때에는 특권을 가진 성직자가 모든 것을 신중하게 감시하였다.

신들과의 관계

고대 그리스에서는 당연하게 여겨졌던 신과 인간 사이의 밀접한 관계가 로마제국에서는 그대로 받아들여지지 않았다. 왜냐하면 계약이라는 것이 서로의 관계를 제약했기 때문이다. 로마의 종교는 제례를 훌륭하게 수행하는 데 온 힘을 기울였다. 그들은 전수받은 의식과 관습에서 조금이라도 벗어나는 것은 신에 대한 도전이라고 여겼다.

로마 종교에서는 신적 존재(Numen)로서의 신에 대한 상상이 모든 것의 기반이 되었다. 초자연적인 행위와 영향력을 인식하게 되는 모든 것을 신적 존재로 표현했다. 로마 종교의 엄격함과 형식주의는 에트루리아의 영향으로 거슬러 올라갈 수 있으며 신화의 풍성함은 그리스인들로

마에케나스 기사 앞의 버질

부터 전수받았다.

그리스 신화와는 달리 로마 신화는 로마 민족의 이전 역사를 묘사한 것이 훨씬 많기 때문에 허구적인 측면이 덜하다. 신들은 단지 주변적인 역할을 할 뿐이다. 로마의 작가와 역사서술가들이 기록한 가장 초창기의 보고는 그리스도의 탄생 시기부터이다.

티투스 리비우스(Titus Livius, BC 59~AD 17)는 자신의 저서 《로마사 *Ab Urbe Condita Libri* (로마 건설 이래)》에서 로마의 건립과 로마의 역사에 몰두하였다. 베르길리우스(Vergilius, BC 70~BC 19)는 그의 서사시 《아이네이아스》에서 아이네이아스의 모험을 묘사한다. 오비디우스(Ovidius, BC 43~AD 17)의 《변신이야기 *Metamorphoses*》는 그가 비범한 이야기꾼임을 증명한다. 오비디우스는 그리스 신화와 마찬가지로 로마 신화를 실제처럼 묘사하였다.

1. 로마 종교의 원천

BC 10세기에서 BC 16세기 무렵의 고대 로마의 종교는 농경의 특징을 지니고 있다. 이 시대에는 자연에서 인간들이 관찰할 수 있는 에너지와 영향력에 관한 믿음이 신들에 대한 신앙으로 발전했다.

고대 이탈리아의 농민 종교

고대 이탈리아 농민 종교의 중점은 식물의 성장에 대한 제례로 보통 가부(家父, Paterfamilias)가 의례를 수행하였다. 숲이나 동굴, 샘, 인공 동굴, 숲속의 공지는 신성한 성지였다. 제례는 대체로 울타리가 처진 제단이 있는 장소인 작은 예배당(Sacellum)에서 이루어졌다. 가부장제도를 따르는 사회에서는 왕이 국가 제례의 수장이 되고 가부가 가족과 개인 제례의 수장이 되었다.

사람들의 주변에는 언제나 신들이 존재하고 있었다. 마테르 마투타(Mater Matuta)는 출생을 지켜보고, 실바누스(Silvanus)는 숲을 보호하고, 옵스(Ops)는 수확을 지켜보며, 파우누스(Faunus)는 동물을 지키고, 사투르누스(Saturnus)는 파종을 지킨다. 플로라(Flora)와 포모나(Pomona)는 꽃과 과실을 돌보고, 인간과 동물의 다산은 리베르(Liber)가 담당하고, 세이아(Seia)와 세게티아(Segetia) 그리고 투투리나(Tutulina)는 땅의 곡식을 보관하고, 텔루스(Tellus)는 수확물을 관리한다. 신의 목록은 임의로 계속된다.

에트루리아와 그리스의 영향

기원전 6세기에 소아시아에서 이주한 에트루리아인들의 영향을 받아 로마인들은 의인화된 신들에 대한 상상을 받아들인다. 이때서야 비로소 그림과 조각품에서 신들에 대한 묘사가 가능해졌으며 최초의 신전이 건축된다.

에트루리아 왕들(BC 750년~BC 510년에 총 7명의 왕이 로마를 지배했다. 로마의 건설자로서 최초의 국왕 로물루스, 누마 폼필리우스, 툴루스 호스틸리우스, 앙쿠스 마르키우스, 타르퀴니우스 프리스쿠스, 세르비우스 툴리우스 그리고 타르퀴니우스 수페르부스)의 추진 아래에서 로마는 도시사회로 발전한다. 동시에 로마는 라티움(Latium)[1]에서 정치적인 헤게모니(패권)를 장악하기 시작한다. 그때까지 개인적으로 이행되어온 제례의 많은 부분들이 그 영향으로 국가적인 성격을 띠기 시작했다. 개인적인 제례는 계속 가부가 주관하였지만 국가 제례와 같은 신성한 행위는 이후 성직자들이 수행하게 되었다.

에트루리아와 그리스 문화권에서 온 낯선 신들은 토속신으로 자리 잡아 원래의 신들과 융화되었다. 물론 로마인들은 이러한 신성에 독자적인 특징을 부여할 수 있는 능력을 가지고 있었다.

BC 217년, 그리스신들의 전수가 끝나고 12주신의 체계가 공시된다. 그리스 신화의 올림포스신들은 이후 로마식 이름으로 동화되었다.

❗ 신에 대한 제식의 종말

BC 1세기 말 사람들은 신들에 대한 의미를 점점 잃어버렸다. 이 시기에는 동양의 오리엔탈 문화에서 유래한 신들에 대해 열광하였다. 대중은 특히 이시스나 미트라 같은 신들을 사랑했다. 이러한 신들은 죽음 후의 행복한 삶을 약속했기 때문에 그들이 사랑을 받은 것은 놀랄 일도 아닐 것이다. 그와 더불어 비밀종교의식 또한 사람들에게 점점 더 많은 호응을 얻게 되었다.

2. 로마 종교의 특징

로마 종교 속에는 사적인 가족 제례와 공적인 국가 제례가 모두 포함되었으며 그것은 인간들의 모든 사적이거나 공적인 삶의 영역을 포괄하였다. 수많은 신들이 시민들의 일상을 규정했다. 그리스 종교에서와 마찬가지로 로마에서도 모든 신들이 아주 일정한 또는 다수의 존재적 욕구를 이루어주기 위한 역할을 맡았다. 국가 제례의 주요신들 — 유피테르(Jupiter, 그리스의 제우스), 유노(Juno, 그리스의 헤라)와 미네르바(Minerva, 그리스의 아테나)는 로마를 대표하는 최고의 국가신들이었다. 사람들은 이 신들을 묶어서 카피톨리노의 3체라고 표현한다. 개인적인 신의 숭배는 그리스 종교와는 달리 아주 특이한 로마 종교의 현상으로 볼 수 있다.

형식적인 신앙심

로마 종교에서는 종교적인 행위를 의무로 여겼다. 엄격한 규정 그리

로마 신전 – 미네르바, 유피테르, 유노

유노

고 신들과 체결한 계약 때문에 신에 대한 숭배도 대단히 형식적이었다. 하늘의 분노를 일으키지 않기 위해서 제례의식은 아주 꼼꼼하고 정확하게 수행하는 것을 중요시했다.

1) 국가와 종교

로마에서 국가는 종교에 의해 규정되고 결합된다. 전수된 의례를 엄격하게 수행하는 것이 국가권력을 보장했다. 국가신들에 대한 숭배는 모든 로마 시민들에게 충성의 의무와 같았다.

로마 국가 종교의 특수함은 가치개념에 의해 신을 숭배한다는 것이다. 그것은 사람들 간의 관계와 개인의 국가에 대한 관계 그리고 그 반대를 규정했다. 정의(유스티티아, Justitia), 조화(콘코르디아, Concordia), 믿음(피데스, Fides) 또는 덕행(비르투스, Virtus)처럼 명확하지 않은 개념들이 추

유스티티아

상적인 신으로 숭배되었다.

고위관직자와 성직자

초기 로마의 종교에서 왕은 신과 인간 사이를 중재하는 임무를 맡았다. 이후 공화정시대(BC 510년부터)에 들어서는 고위관리자들이 이 기능을 맡았다. 예배와 제례행사에서는 고위관리자들이 성직자들을 대표했다. 로마의 주교들은 귀족 출신이었다. 그들의 위엄과 명예는 평생 동안 보장되었으며, 국가에 세금을 내지도 않았고 경연회나 국비로 여는 연회와 같은 다른 행사 때에는 명예석을 차지했다. 게다가 성직자들은 로마의 상원에 임명되고 투표권을 행사했다. 최고 성직자의 자리는 폰티펙스 막시무스로 그 자리에 오른 사람이 모든 종교상의 안건을 관리하고 예배를 감독했다.

2) 저승에 대한 생각

그리스 종교와 반대로 로마 종교는 구체적으로 저승에 대해 알지 못했지만 죽은 이들의 무덤은 신성하게 여겼다. 로마인들 사이에는 사후제와 제물제를 지낸 다음에야 죽은 이들의 영혼이 자유로워진다는 믿음이 일반적으로 퍼져 있었다.

로마인들은 죽은 이들을 견고한 무덤에 매장했다가 나중에 죽은 이들의 도시에 있는 고분 아래에 매장했다. 그들은 죽은 이들의 영혼, 즉 신적인 망혼(Manen)에 속한다. 매년 연말에 사람들은 이 영혼들과 화해를 하고 그들을 경배하기 위해 파렌탈리아(위령제)를 지냈다. 로마 신화의 죽음의 제국과 죽음의 화신인 오르쿠스(Orcus)는 그리스의 하데스와 플루토스(Plutus)에 해당한다.

3) 가정의 수호신

로마 종교의 특수성은 가정의 수호신과 개인적인 신들의 경배이다. 매일 가부의 감독 아래 집의 제단에서 천상의 안녕을 보장하기 위해 제물을 바친다. 개인 가정에서는 공식적인 신과 더불어 라레스(Lares), 페나테스(Penates, 가정의 수호신) 그리고 게니우스(Genius)를 숭배한다.

로마의 신앙 세계에서 죽은 가족구성원은 영혼(라레스)이 되어 살아 있는 사람들과 함께 계속 살아간다. 로마연방 시대에는 개인의 집에서 정해진 가족의 라르(Lar, 라레스의 단수형)를 경배하였다. 라레스는 가족들과 식사도 함께 하고 그 외에도 가족의 삶과 일상에 완전히 융합했다. 그는 불치로부터 가족을 보호하는 임무를 가지고 있다. 십자로의 들판의 수호신들도 라레스에 속하며 그들을 경배하기 위해서 매년 12월 23일에 라렌탈리아(Larentalia)제가 열렸다.

곳간의 신 페나테스는 가족이 언제나 배불리 먹을 수 있도록 돌본다. 조상 라르처럼 페나테스도 가족들의 일상에 참여한다. 그들을 위한 사당은 아궁이 옆에 모셔졌다. 신화에 따르면 아이네이아스가 불타는 트로이로부터 수호신들을 데리고 와서 라비니움(Lavinium)으로 이주했다고 한다. 그곳에서부터 다시 로마로 옮겨진 것이다.

게니우스는 번식과 삶의 에너지의 화신이다. 개인들의 영역에서는 가부의 게니우스를 숭배한다. 하지만 공개적인 영역에서는 로마 민족과 황제의 게니우스를 신봉한다.

! 사랑받지 못하는 동반자

사랑받지 못한 가족구성원의 해롭고 방황하는 영혼들을 사람들은 레무르(밤도깨비)라고 한다. 그들은 라레스와 반대로 두려움을 불러일으키는 집의 동반자이기 때문에 사람들은 그들이 집안에 머물지 못하게 내쫓아버려야만 한다.

로마인들의 축제 레무리아는 5월 9일, 11일 그리고 13일에 열리며 레무르를 집에서 추방하면서 다시 화해하기 위한 제식이다.

? 알고 넘어가기

BC 3세기 말 예언의 확대된 형태로써 에트루리아의 하루스피케스(Haruspices)가 로마에 나타난다. 한니발에 대항한 전쟁이 벌어졌을 때부터 사람들은 제물을 감찰하고 운을 점칠 수 있는 사람(하루스피케스)을 로마로 초청했다.

로마로 초대된 하루스피케스는 로마의 상원들 앞에서 제물을 감정하였다. 그들은 제물로 바쳐진 동물의 내장을 들여다본 후 자연의 법칙에 어긋나는 초자연적인 사건을 해석하고 재빨리 위험을 통지하는 임무를 가졌다.

4) 신의 의지 정찰

로마에서는 대규모의 계획이나 전쟁 또는 상원들의 중대한 모임을 갖기 전에 반드시 신들과의 화합을 보장하기 위해서 신의 의지를 살폈다. 학식 있는 성직자들(복점관, 새의 움직임 등으로 공사(公事)의 길흉을 점치던 신관)은 새들(전조나 예시)의 비상을 통해서 계획하고자 하는 일을 착수하기에 적합한 시기인지 아닌지를 판단했고, 예언(보이는 불길한 징조)을 통해서 신들의 의지를 알 수 있었다. 복점관들은 예를 들면 지진이나 일식, 번개, 천둥과 같은 자연에서의 특수한 진행이 신들의 의지를 전달하는 것이라고 생각했다. 더불어 신들은 그들의 의견을 오멘(omen, 예시, 즉 보고 들을 수 있는 표시나 말)을 통해서 표현할 수도 있었다.

그리고 비밀로 가득한 아주 오래된 신탁 예언이 적힌 신비한 책《시빌라 탁선》에 문의를 하기도 했다. 이 책은 쿠마에(Cumae)에 있는 시빌라

(Sibylla)의 신탁소에서 유래하는 책으로 그리스어로 집약됐다. '15명의 남자들'로 이루어진 평의회는 상원들의 결정에 따라서 책을 들여다본 다음 적합한 예언을 찾아내고 그것을 함께 다시 상원들에게 설명하면서 제시한다. 그런 일들을 거쳐 가장 '적합한' 결정을 내렸다.

5) 제식행위

가장 중요한 종교적인 의식은 제물봉납이었다. 국가 제식에서는 소나 돼지, 양, 염소를 희생물로 바쳤다. 반면에 개인적인 가부의 제식에서는 곡식의 열매 형태로 된 피를 흘리지 않는 제물들이 많이 사용되었다. 꼼꼼하고 정확한 제식행사의 수행은 여기서도 매우 중요한 사항이었다. 기도는 엄격하게 규정된 과정에 따라 진행되었고, 청허(들어줌)의 서약인 경우에는 신에게 바칠 제물을 약속했다.

6) 로마 신들의 모임

로마 종교는 낯선 이들에 대해 관대하다는 것이 특징이다. 초기부터 고대 이탈리아의 신들과 함께 그리스의 신과 여신

아우구스투스 황제, 청동상

들이 존재했다. 로마인들은 그들을 받아들여 자신들의 독자적인 신앙으로 바꾸어나갔다.

제2차 포에니 전쟁[2] 때부터 로마제국은 점점 더 많은 오리엔탈의 신들과 제식(Sacra Peregrina)을 받아들였다. 아우구스투스(Augustus, BC 27~AD 14) 황제가 죽은 후에 황제 제식이 도입되었고, 심지어 상원의 결정을 통해서 황제들을 신의 범주로 받아들이게 되었다.

태고 때부터 이어진 암울한 의례들이 수백 년이 흐르는 동안 다른 문화에서 받아들인 신이나 토착신앙과 융화된 것이다.

3. 중요한 로마의 국가신

그리스의 12주신들의 범위가 로마에 도입되었다. 올림포스의 주신들이 로마식 이름으로 로마제국의 국가신이 된다. 그들을 숭배하기 위해서 BC 3세기나 2세기경에 로마인의 광장에는 데이콘센테스(로마의 12주신의 모임)의 회랑, 주랑 홀이 세워졌다. 로마식으로 적용한 올림포스신들을 위한 황금 조각상들이 여기에 세워졌다.

1) 유피테르(Jupiter) – 로마제국의 파수꾼
원래 고대 이탈리아의 빛과 천계현상의 신 유피테르는 후에 그리스의 제우스와 동격화된다. 올림포스의 주신 제우스의 모든 모험과 성격의 특징들을 유피테르에게서 다시 발견할 수 있다. 태양계 최고의 행성인 목성도 그의 이름을 따서 불렀다.

임무

유피테르 옵티무스 막시무스(Jupiter Optimus Maximus, 가장 위대한)로서 가장 위대한 로마의 국가신은 카피톨리노 언덕에 있는 그의 신전에서 로마와 제국을 지킨다. 초기 로마시대에는 유피테르, 마르스(Mars)와 퀴리누스(Quirinus)가 종족의 신으로 숭배되었다. 하지만 에트루리아의 왕 타르퀴니우스 프리스쿠스(Tarquinius Priscus, BC 6세기)의 통치가 시작되면서부터는 유피테르, 유노 그리고 미네르바가 카피톨리노의 3체로서 국가신의 기능을 맡는다.

공화정(BC 509년) 초기에 그들을 숭배하는 카피톨리노의 신전은 공식적이고 종교적인 회합을 위한 중요한 장소였다. ― 실질적인 로마제국의 중심점이다. 그 신전에서 영주의 모든 출정이 시작되고 개선행렬이 끝난다. 카피톨리노의 남쪽 언덕에 위치한 이 신전의 건설에 관한 수많은 신화들이 남아 있다.

에트루리아의 왕 타르퀴니우스 수페르부스(Tarquinius Superbus)가 테르미누스(경계를 주관하는 신)와 유벤타스(청춘의 신)의 성전과 같은 몇몇의 작은 성전이 있는 그 언덕을 선택했다. 그 성전들을 파괴하기 위해서 타르퀴니우스는 그곳에 예전에 세워져 숭배를 받았던 신들의 동의를 필요로 한다. 테르미누스는 이 장소를 내버려 두지 않고 그의 신전을 유피테르 신전의 중앙에 세우려고 했다. 건축 작업이 시작된 지 얼마 안 돼 작업공들이 땅에서 인간의 두개골을 발견했다. 이것은 신의 징조였다. 그것은 로마는 미래에 전 세계의 머리가 될 것이며 어떠한 멸망과 죽음도 로마에 해를 끼칠 수 없다는 의미였다.

카피톨리노의 유피테르 신전에는 채석공사에서 남은 주춧돌 장벽의 잔재들만이 남았다. 에트루리아의 신전은 주춧돌 위에 세워졌다. 신전의 교단은 기둥의 삼면으로 경계를 나누었다. 옥외 계단을 거쳐 프로나오스[前室]로 이어졌으며 그 현관은 유피테르, 유노 그리고 미네르바의 제식화가 놓여 있는 세 개의 니치[3]로 이어졌다.

유피테르는 사투르누스(그리스의 크로노스)와 레아(그리스의 레아)의 아들이자 유노(그리스의 헤라)의 남편이다. 모든 만월의 달은 유피테르를 위한 것이다. 유피테르는 단지 낮하

유피테르와 유노

늘의 신일뿐만 아니라 밤하늘의 빛의 신이기도 하다. 그는 번개(유피테르 페레트리우스)와 천둥(유피테르 토난스)을 보내고, 법과 관습(유피테르 파레우스)을 지키고, 서약의 신으로서 등장한다(디우스 피디우스). 유피테르는 비를 가져다주는 신(유피테르 플루비아리스)이며, 싸움(유피테르 사토르)에서의 확고함과 승리(유피테르 빅토르)를 가져다준다. 유피테르는 왕을 임명하고 후에 공화정시대에는 최고의 관리들을 관직에 임명하였다.

성직자와 제식

모든 만월의 날들은 유피테르 옵티무스 막시무스를 위한 신성한 날이었다. 성직자들(제물을 태울 불을 일으키는 사람들)과 특별성직자들이 최고의 국가신들의 제식행위를 감독한다.

낮의 특별사제 플라멘 디알리스(Flamen Dialis)는 빛의 신 유피테르의 시중을 드는 사람이다. 그는 모든 어둠과 저승, 무덤과 같은 것으로부터 멀리 떨어져 있어야 하고 집에서도 사제의 투구(원추형의 성직자 모자)를 쓰고 있다. 군대를 봐서도 안 된다. 저주를 해서도 안 되며 옷에 매듭과 같은 것이 있어서도 안 된다. 머리카락은 철과 접촉을 하면 안 된다. 일련의 금기사항과 제한들이 유피테르 제식을 올리는 사제들의 삶을 힘들게 했다. 고위 성직자의 자리에 오르기 위해서는 반드시 결혼을 해야 했고 세습귀족이어야만 했다. 사제의 아내 플라미시아는 남편의 성직자로서의 위엄에 관여하며, 아내가 죽으면 플라멘은 명예롭게 자신의 관직으로부터 퇴직한다.

! 살아 있는 듯한 초상화

유피테르는 자신의 진정한 권력을 승리의 의식에서 보여준다. 이 날 영주들은 유피테르와 마찬가지로 자색의 황금야자식물로 수를 놓은 토가(Toga)[4]를 입는다. 초상화를 보면 그들의 얼굴이 붉게 그려진 것을 알 수 있다. 개선장군은 유피테르 옵티무스 막시무스의 살아 있는 듯한 초상화처럼 신의 카피톨리노 신전으로 올라간다.
황제시대에는 로마의 지배자들을 유피테르로 묘사했다. 유피테르로 묘사된 클라우디우스의 조각상(AD 42년)은 로마에 있는 바티칸 박물관에 잘 보존되어 있다.

경연

BC 509년 카피톨리노 위에 신전이 건립되었다. 그것을 기리고 유피테르를 경배하기 위해서 로마는 매년 9월 5일부터 19일까지 민족의 경연제 루디 로마니(Ludi Romani) 축제를 열었다.

2) 유노(Juno) - 로마의 여주인

로마의 시인들은 그리스 신화에서 그리스신들의 여왕 헤라의 특징을 고대 이탈리아의 신 유노(젊고 생명력이 있는)에 비유했다. 그 이전에 유노는 여성의 생명력을 대표했다. 유피테르 그리고 미네르바와 함께 유노는 신들의 여왕 유노 레지나(Juno Regina)로서 카피톨리노의 3체를 형성했다. 사람들은 BC 509년부터 그들과 유노를 함께 카피톨리노 언덕 위에 있는 가장 오래된 로마의 국가성전에서 숭배했다.

임무

로마 최고의 국가신의 아내로서 유노는 레지나라는 이름으로 로마와 로마제국을 보호했다. 헤라와 마찬가지로 유노도 결혼(유노 프로누바)과 결혼식의 관습, 출생의 수호여신이다. 이러한 기능 때문에 그녀는 루시나라는 별명을 가졌다. 로마인들은 출산이 다가오면 유노에게 무사한 출산을 기원했다.

그녀는 목초지의 여신(유노 카프리티나)으로서 염소의 형상을 한 작은 소를 관장했다. 물론 염소도 유노가 선호하는 동물이었다. 노동의 여신 유노 소스피타(Sospita)·세이스페스(Seispes) 또는 시스피타(Sispita)로서 유노는 머리에 염소 가죽을 쓰거나 뱀과 함께 등장하는데, 유노 모네타(Juno Moneta)로서 로마의 여주인은 조언, 회상 또는 경고의 여신이기도 했다.

유노 신전

제식과 축제

　초기 로마에서 유노의 제식은 결혼보다는 후손에 더 많이 관여했다. 유노에 대한 가장 오래된 숭배지 중의 하나는 로마에 있는 에스퀼린 언덕 위의 신성한 숲이고, 좀 더 오래된 것은 팔라티노 언덕에 있는 루퍼칼리아 동굴이다. 신화에 따르면 그곳은 늑대가 로물루스(Romulus)[5]와 동생 레무스(Remus)에게 젖을 먹인 곳이라고 한다. 작가 오비디우스에 따르면 로마에서만 100곳이 넘는 유노 여신의 제식소가 있다고 한다.

　모든 만월의 날은 유피테르를 위한 신성한 날이었으며, 달의 시작 첫날인 삭일은 유노를 위한 날이었다. 여신은 달과 연결됐는데 왜냐하면 칼렌다에(Kalendae)가 새로운 달을 가리키기 때문이다.

　매년 5월 1일에는 출산의 여신 유노 루키나를 경배하기 위한 축제 마트로날리아(Matronalia)가 열렸다. 여성의 정숙함에 대한 상징으로써 카피톨리노 언덕에 있는 유노의 신전에서 여성들이 모여 축제를 열었다.

BC 387년 거대한 소동이 일어났을 때 침략자들이 밤에 카피톨리노로 밀려왔는데, 신화에 따르면 동물들이 재잘거리는 소리를 내어 수호

유노

신을 깨웠고 그로 인해 무사히 요새를 구했다고 한다.

유노를 경배하기 위한 또 다른 축제는 7월 7일에 열리는 노나에 카프로티나에(Nonae Caprotinae)이다. 사람들은 이 날 광장(Marsfeld)에 있는 무화과나무의 가지들을 자른다. 껍질을 벗겨낸 과즙은 유노 카프로티나에게 전달되는 제물이 되었다.

3) 미네르바(Minerva) – 수공업자와 예술가의 여신

미네르바는 고대 이탈리아의 여신이며 그녀의 기능은 점차적으로 그리스의 아테나와 동화된다. 유피테르, 유노와 함께 로마의 국가성전 카피톨리노의 3체를 형성한다. BC 509년에 로마인들은 신들의 3체를 위해 축성한 신전에서 유피테르의 옆 오른쪽에 미네르바의 신상(神像) 안치소(제식 화상을 위한 공간)를 둔다.

임무

수공업자, 예술가 그리고 교육자들이 미네르바의 특별한 보호를 받는다. 그들은 아벤틴(Aventin) 언덕 위의 신전에서 그녀를 숭배한다. 특별 성직자 플라멘은 제례의식을 책임진다.

미네르바는 신들의 아버지의 유피테르의 딸이며 지혜와 사려 깊은 작전용병의 여신이다. 의술의 신 미네르바 메디카(Minerva Medica)로서 의사들도 에스퀼린 언덕에 있는 신전에서 그녀를 숭배한다. 올리브나무, 뱀과 부엉이는 미네르바에게 신성한 동물이다. 특히 부엉이는 디아나(사냥의 여신)처럼 처녀 여신의 지혜를 대표한다. 그리고 이러한 처녀성에 훼손이 되는 모든 것들은 벌을 받는다. 모든 지혜에도 불구하고 미네르바는 섬뜩한 특징을 가진 존재이기도 하다. 누구든지 허락 없이 그녀의 얼굴을 보게 되면 두 번 다시는 앞을 볼 수 없게 된다.

미네르바는 흉갑, 투구, 방패 그리고 작살을 가지고 있는 모습으로 묘사되며, 그리스의 전형 아테나와 같은 전쟁의 여신이다.

축제

미네르바를 위한 로마의 주요 축제는 퀸콰트루스(Quinquatrus)이다. 예술가와 수공업자의 축제이며 매년 3월 9일에서 23일까지 열린다. 교사들은 이 날에 그들의 연간보수를 받으며 학생들에겐 수업이 없다. 오비드에 따르면 이 축제에는 다양한 직업을 가진 사람들이 참여했는데 털실을 뽑는 직공, 아마방직공, 직공, 마전하는 사람, 세탁하는 사람, 염색하는 사람, 구두장이, 목수, 의사, 화가, 조각가, 금속조각사, 특히 시인과 배우도 참여했다고 한다.

4) 베스타(Vesta) - 국가화로의 여신

베스타는 가장 초창기에 숭배된 신에 속한다. 베스타는 로마 민족의 번영을 위해서 가장 중요한 여신으로 일반적으로 여신 베스타에 관한 신화와 전설보다는 그녀를 위해 제식을 담당한 성직자들과 여사제들에 관한 이야기가 더 많다. 베스타는 그리스의 헤스티아와 동격화되었다. 하지만 그녀는 그리스와는 반대로 개인적인 화로가 아니라 국가의 화로를 대표한다.

임무와 제식

최고의 성직자 폰티펙스 막시무스의 관청과 가장 가까이에 있는 팔라틴 언덕의 기슭에 베스타 신전이 놓여 있다. 전설적인 도시건립가 로물루스가 설립했다.

신화에 따르면 베스타의 여사제 레아 실비아는 쌍둥이형제 로물루스와 레무스의 어머니이다. 작고 둥근 신전에는 신들의 그림이 없다. 베스타는 의인화되지 않은 유일한 로마의 여신이기 때문이다. 신전에는 6명의 여사제들이 지키는 신성한 불을 담은 국가의 화로가 있다. 페누스(저장고)에 제식 대상들이 보관되어 있다. 그 중에는 소위 말하는 팔라스 아테나의 제식 화상 팔라디움(팔라스의 여신상)도 있다. 하늘에서 떨어진 제식 화상을 아이네이아스(트로이의 영웅으로 로마의 건설자)가 로마로 가져왔다. 그 존재는 로마의 신앙에서 로마의 영속을 보장하는 것이었다. 이러한 신성한 저장고에는 누구도 접근을 해서는 안 되며, 최고의 성직자들도 가까이 갈 수 없었다. BC 241년에 화재가 났을 때 폰티펙스 막시무스는 신성한 대상들을 구하려고 하다가 눈이 멀기도 한다.

베스타 신전

　베스타의 여사제들에게는 국가의 불에 접근하는 것이 허용됐다. 하지만 그들이 조심하여 다루지 않고 불꽃을 꺼뜨린다면 엄격하게 벌을 받았으며 채찍질을 받기도 했다. 6명의 여사제들은 30년 동안의 수행을 해야만 했다.

　아주 어린 나이에 임무를 위해서 선발된 귀족 출신의 소녀들은 첫 번째 10년 동안 신전에서 지내면서 수행 중인 여승으로서 다양한 활동을 배우게 된다. 다음 10년 동안은 신성한 불을 지킨다. 마지막 10년은 새로운 여승들을 가르친다. 그 후 정조 서약을 했던 여사제들은 관직에 오르기 전에 결혼을 할 수도 있었다. 여사제들의 집은 신전 옆에 있으며 내부에는 최고의 여사제장들의 조각상이 세워져 있었다. 베스타 여신의 축제 베스탈리아(Vestalia)는 로마에서 6월 9일에 열린다.

5) 디아나(Diana) – 여성과 사냥의 여신

고대 이탈리아의 자연, 풍요, 출산의 여신 디아나는 도입과 동시에 그리스의 아르테미스와 동격화되었다.

임무

디아나는 여성과 사냥의 수호신으로서 인간들에게 영향을 미쳤다. 게다가 달의 여신으로 숭배된다. 디아나라는 여신의 이름은 '밝은 하늘'이라는 의미를 가진 'dium'이라는 단어에서 유래된다.

디아나는 동물들을 완벽하게 정해진 규칙에 따라서 도살하는지 감독하며 이러한 의식을 따르지 않고 동물을 죽이는 모든 처사에 대해 엄격하게 처벌했다.

여신의 상징은 전형적인 로마식이었다. 높은 빛줄기나 가지가 있는 화환을 쓰고 긴 머리를 하고 있으며 강력한 작살(Vernabulum)을 왼손에 지니고 있다. 개와 사냥 동물과 함께 등장하며 짧은 치마를 입고 높은 사냥장화를 신은 디아나의 모습을 많은 조각상에서 볼 수 있다.

디아나

디아나의 신성한 숲에는 삿갓소나무, 마르멜로, 석류나무와 떡갈나무
가 자란다. 그것들은 항상 풍성한 열매를 달고 있다. 그렇기 때문에 여
신은 행복한 나무라는 별명도 가지고 있다. 여신의 신성한 숲(네무스)은
도망을 다니는 노예들을 위한 피난소이다. 숲의 여신 디아나 네모렌시
스는 이러한 기능으로 인해 이방인들, 농촌을 이탈하는 사람들 또는 노
예들을 지키는 수호신이기도 하다.

제식

고대 이탈리아의 모든 종족들은 디아나를 숭배했다. 그녀를 위한 제
식은 에트루리아를 거쳐 로마에 도달하였다. 그녀는 평민들이 가장 사
랑한 신으로 아벤틴 언덕 위에 있는 디아나의 신전은 라틴 연맹의 성전

디아나의 사냥

이었다.

세르비우스 툴리우스 왕 이래로 그곳은 디아나의 특별한 보호 아래 놓이게 되었다. 에페소스(Ephesos)에 있는 아르테미스 신전의 명성이 로마로 밀려 왔다. 전설에 따르면 그때 집권하던 에트루리아의 왕 세르비우스 툴리우스는 디아나 여신을 위해서도 거대한 신전을 세워야겠다고 결심한다. 그로 인해 디아나는 소아시아의 그리스 도시들과 똑같이 라틴 연맹의 도시들을 보호하게 된다.

아벤틴 언덕 위에 신전을 건립하는 것은 렉스 아라에 디아네(Lex Arae Diane)로 고유한 법규에 기록되어 있다. 이 신전에서는 디아나를 위해 처음으로 제물을 바쳤던 소의 뿔들을 볼 수 있다. 매년 8월 13일에 로마인들은 신전의 창립기념일을 축하했다.

디아나와 함께 라틴의 아크리에서 숭배되던 샘의 요정 에게리아(Egeria)도 로마로 왔다. 에게리아를 위해 아벤틴 언덕의 아래쪽 포르타 카페나 광장(Porta Capena) 앞에 독특한 제식 장소가 마련되었다.

6) 케레스(Ceres) – 농경의 여신

케레스 여신은 사투르누스와 옵스의 딸이며 그리스의 데메테르에 해당한다. 원래 케레스는 고대 이탈리아의 신으로 케레스의 제식은 이미 BC 7세기부터 알려져 있었지만 BC 5세기경부터는 그리스의 영향을 받는다.

임무

리베르(Liber, 그리스의 디오니소스에 해당한다), 리베라(Libera, 프로

세르피나, 케레스의 딸)와 함께 케레스는 특히 평민들, 민중들에게 숭배받는 신이었다. 그렇기 때문에 케레스는 호민관의 권리를 보호한다.

이러한 신들의 3체를 위해서 BC 493년에 아벤틴 언덕에 신전이 축성되었다. 기아가 발생했을 때 시빌의 예언집의 권고에 따른 것이었다.

농경의 여신으로서 케레스의 가장 대표적인 상징은 이삭왕관이다. 또한 양귀비꽃도 신성하게 여겼다. 땅의 여신으로서의 케레스의 특징은 가끔 뱀과 함께 출현한다는 것이다. 데메테르처럼 케레스는 풍요의 신, 결혼과 입법자의 여신으로도 숭배되었다. 한 남자가 자신의 아내와 타당한 이유 없이 이혼하려 한다면 여신에게 자신의 재산의 일부를 넘겨줘야만 했다.

제식

리베르, 리베라와 함께 숭배되는 아벤틴 언덕 위의 케레스 신전은 로마 평민들의 중심지였다. 신전은 피난소로써의 기능을 발휘했으며 평민들의 관직 기록을 보관했다. BC 31년에 신전에 화재가 일어났으나 이후 아우구스투스 황제가 신전을 다시 건립하였다.

로마시대 후기까지 케레스 성전은 로마의 가장 중요한 성전으로 남았다. 4월 19일이면 이곳에서 신들의 3체의 축제 케레알리아(Cerealia)가 열리며, 동시에 야외 원형 대경기장에서 케레알리아가 시작되기 며칠 전에 케레스의 경연 루디 케레리스(Ludi Cereris)가 개최되었다.

7) 바쿠스(Bacchus) - 술의 신

고대 이탈리아의 신 리베르나 리베르 파테르는 그리스의 신 디오니소스의 특징을 받아들였다. 로마인들은 그를 주로 바쿠스라는 별명으로 불렀다.

임무와 제식

그리스의 디오니소스와 같이 바쿠스는 다른 무엇보다도 술의 신으로 잘 알려져 있다. 열광적인 축제와 행렬 그리고 정도(正道)를 벗어난 바쿠스의 제식 연회는 로마인들에게는 매우 낯설었다. 바쿠스의 존재는 고대 로마의 경건함(Pietas)과 맞지 않았다. 또한 비밀종교의 존재는 공식적인 국가제식에도 어울리지 않았다. 그렇기 때문에 로마 상원은 BC 186년에 전 로마의 영향권에서 디오니소스의 바카날리아 축제(바쿠스 축제)를 금지하였다.

국가의 와인 축제는 유피테르와 비너스를 경배하기 위해

바쿠스

서 거행되었다. 하지만 민중은 한번 마음에 드는 습관을 쉽게 포기하지 못했다. 결국 율리우스 카이사르는 디오니소스 제식을 다시 공식적으로 로마에 도입한다. 그들에게 디오니소스는 술의 신이었고, 포도주 착취기에는 바쿠스에게 제물을 바쳤다.

바쿠스의 근본적인 임무는 5월 17일부터 로마에서 수행된다. 리베르와 리베라의 축제인 리베랄리아(Liberalia)를 위해 젊은이들은 처음으로 토가를 입게 되며 로마의 시민으로 등록하게 된다. 이때는 축하의 의미로 모두에게 한 잔의 와인을 맛볼 수 있게 했다.

묘사

BC 5세기경까지 바쿠스는 유피테르와 닮은 수염이 있는 노인으로 그려졌다. 그러나 시간이 흐르면서 바쿠스의 모습은 젊고 아름다운 남자로 변해갔다. 담쟁이덩굴과 포도나무잎으로 장식을 한 지팡이 티로스(Tyros)와 남근상(Phallus)이 바쿠스의 상징이다. 악한 사람들 앞에는 사자, 곰 또는 다른 야수로 나타나 그들을 놀라게 한다.

8) 아폴로(Apollo) – 지혜와 예술의 신

고전적인 고대의 가장 아름다운 신은 제우스와 레토의 아들 아폴로(그리스의 아폴론)일 것이다. BC 450년경, 그리스 청동 원본의 하드리안식 복사본에서 빛나는 젊음을 가진 청년의 모습을 한 카셀의 아폴로를 만날 수 있다. 아폴로의 상징은 칠현금과 월계수이며, 그의 동물은 독수리머리와 날개에 사자몸을 한 괴수, 가재 그리고 돌고래이다.

임무

최고위 신탁의 신으로서 아폴로는 모든 예언자의 주인이다. 아폴로 신에게 영감을 받은 예언자(델포이에 있는 피티아)의 입을 통해서 아폴로는 자신을 믿는 자들에게 자신의 뜻을 전했다. 고대 이탈리아를 토대로 쿠마에라는 도시에 가장 유명한 아폴로 신탁이 있다. 전설에 따르면 아폴로 신의 예언은 아폴로의 여사제 시빌의 책 14권의 보호를 받았다고 한다. 이 책들 중 세 권은 로마의 왕 타르퀴니우스 프리스쿠스에게 팔렸다.

아폴로

시빌의 예언집은 유피테르의 신전에 보관됐다가 후에는 아폴로의 신전에 보관되었다. 어려운 정치적 군사적인 상황에 닥쳤을 때 특별한 성직자평의회에게 조언을 해주었다.

그리고 아폴로는 화로와 도시 건설의 보호자, 가수와 음악가들의 수호신 그리고 치유와 속죄의 신이다. 아폴로의 화살은 병과 죽음을 가져다주고 동시에 상처를 치유한다. 이러한 임무는 그의 아들 에스쿨랍(Aeskulap)에게 전수된다.

포이보스 아폴로로서 아폴로는 빛의 신이기도 하다. 로마의 황제 시대에는 태양(Sol)이라는 별명을 얻는다.

팔라틴, 로마의 7개 언덕 중 첫 번째 이주 장소

제식

아폴로는 기원전 6세기에 에트루리아인들을 통해서 로마로 들어왔다. 최초의 신전은 BC 431년 흑사병이 퍼지는 가운데 마스펠트 위에 축성됐다. 신전은 도시의 성벽 밖에 놓여 있었다. 왜냐하면 아폴로는 전쟁 후의 병사들의 전염병이나 살인죄를 정화(Lustration)시켜주는 역할을 하고 있었기 때문이다. 이러한 것은 포메리움(Pomerium, 도시구역)의 밖에서 이루어져야만 했다. 유피테르는 개선행렬에서 군사들을 종교적으로 정화시켜 카피톨리노 언덕에 있는 신들의 아버지에게 보냈다.

BC 212년부터 로마인들은 아폴로를 경배하기 위해서 루디 아폴리나레스(Ludi Apollinares)제를 연다. BC 208년부터 7월 6일에서 13일까지 12궁 가운데 게자리를 위한 축제를 열고 신전 앞에서 배우들이 공연을 하였다.

아우구스투스 황제(BC 27~AD 14)의 개혁 이후 아폴로 제식은 로마의 국가 제식으로써 탁월한 위치를 확보하게 된다. 왜냐하면 아폴로는 로마의 황제 가족들이 가장 숭배하는 신이었기 때문이다. 아우구스투스는 즉시 아폴로를 자신의 개인적인 수호신으로 명명한다. BC 31년에는 악티움에서 벌어진 살육 후에 로마의 팔라티노 언덕 위에 반달모양의 하얀 대리석으로 이루어진 화려한 신전을 축성한다. 신전은 아우구스투스의 집과 인접하게 연결되었다. 아폴로상의 기저에는 시빌의 예언집이 황금상자 안에 보관되었다.

9) 디스 파테르(Dis Pater) – 지하세계와 부의 신

로마의 신 디스 파테르는 일찍부터 하데스 그리고 플루토스와 동격화되었으며 로마에서의 국가 제식은 BC 249년에 거행되었다. 그리스인들에게 부의 신이기도 한 플루토스는 데메테르의 아들로 화로와 들판의 부를 지킨다. 하지만 그보다 훨씬 오래 전부터 사람들은 디스 파테르를 무역과 경제에서의 부와도 결합시켰다.

하데스는 지하세계의 신으로서 죽음의 제국을 지배하였다. 게다가 그는 지하 내부의 부를 지킨다. 머리가 셋 달린 개 케르

항아리에 그려진 케르베로스

늑대의 젖을 먹고 있는 로물루스와 레무스

베로스가 신의 제국을 지키고 있으며 케르베로스는 그 어느 누구도 지하
세계를 떠날 수 없게 하였다.

10) 마르스(Mars) - 전쟁의 신

고대 이탈리아의 농부와 식물성장의 신 마르스 실바누스는 들판에서
자라는 모든 것들의 성장을 책임졌다. 로마에서는 그리스의 전쟁의 신
아레스와 동격화되었다. 마르스는 로물루스와 레무스의 아버지로 로마
인들은 마르스를 통해 그들의 조상을 보았다.

전설에 따르면 알바롱가 지역의 아물리우스(Amulius)는 그의 형 누미토
르(Numitor) 왕을 강제적으로 퇴임시켰다. 마르스는 베스타의 여사제 레아
실비아를 임신시키고, 얼마 후 쌍둥이 로물루스와 레무스가 태어난다. 아
물리우스는 아이들을 익사시키라고 요구한다. 아이들을 태운 요람은 티베

르 강에 버려졌지만 마른 땅 위에 정착하게 된다. 늑대 한 마리가 아이들을 받아들여 젖을 먹인다. 그들을 목동 파우스툴루스(Faustulus)가 발견하여 그의 아내 아카 라렌티아(Acca Larentia)와 함께 키운다. 쌍둥이는 나중에 목동이 된다. 성인이 된 후 아물리우스 왕의 양치기와 서로 다투게 된 쌍둥이는 궁정으로 가게 되는데 그곳에서 그들의 할아버지 누미토르를 알아보게 된다. 쌍둥이는 아물리우스를 죽이고 누미토르를 다시 왕으로 임명한다.

성장한 쌍둥이는 새로운 도시를 건설하고자 하며 그래서 전조(새의 예시)를 불러온다. 누가 이 도시의 이름을 지어야만 할지를 확정하기 위해서이다. 신들은 로

마르스

물루스에게 12마리의 새, 레무스는 6마리의 새를 보낸다. 새로운 도시는 로마라고 불리게 된다. 나중에 로물루스는 동생 레무스를 죽이고 로마의 왕이 된다.

임무

마르스는 로마를 보호하고 군대가 승리할 수 있게 도와준다. 신이 하늘에서 떨어뜨렸던 신성한 방패는 제국의 번영을 위한 보증이다. 똑같은 모양으로 만든 열한 개의 방패들이 신의 방패와 함께 최고의 성직자 폰티펙스 막시무스의 관청 레지아(Regia)에 걸려 있다. 성직자평의회, 즉 마르스의 사제들이 그곳을 감시한다. 매년 3월은 마르스를 위한 신성한 달이다. 사제들은 이 방패들을 가지고 춤과 노래가 있는 축제행렬을 개최한다.

마르스는 전투에서 병사들만을 동반하지 않는다. 평화로운 식물성장의 신으로서 그의 원천은 지속적으로 영속한다. 들판, 동물 그리고 인간들에게 마르스는 건강과 풍요를 기부한다. 마르스에게 신성한 동물은 말과 황소 그리고 늑대이다.

제식

에트루리아 이전의 시대에 마르스는 유피테르와 퀴리누스와 더불어 카피톨리노의 삼체를 형성한다. 마르스가 맡던 수호의 기능을 후에 미네르바가 이어받는다. 전쟁의 신을 위해 신성시 되었던 곳은 캄푸스 마르티어스(Campus Martius)이며 그곳에 마르스의 제단이 있다. 이곳에 거대한 군대가 집합하며 5년 마다 특별한 제물을 바쳤다.

아우구스투스(BC 27~AD 14) 황제는 아우구스투스 포럼 위에 마르스 울토르(복수자)를 위한 화려한 신전을 세운다. 그 안에는 완벽하게 무장을 한 제식상이 서 있다. 신이 들고 있는 작살이 아래를 가리키는 이유는 신이 싸울 준비를 마쳤다는 표시이다. 아우구스투스 포럼 위의 신전은 BC 2년에 완성되었으며 지금까지도 그 잔재를 볼 수 있다.

마르스 축제 에퀴르리아(Equirria)는 매년 3월 14일에 마차 경주와 함께 열렸다. 마르
스는 대부분 무장을 한 젊고 힘이 센 남자로 묘사된다. 가끔씩은 수염이 난 아버지 같
아 보이는 병사로 그려지기도 한다.

11) 넵투누스(Neptunus) – 바다의 신

바다의 신이자 선원들의 수호신은 그리스의 포세이돈에 해당한다. 하
지만 포세이돈이 광포한 신으로서 두려움을 자아냈다면 로마인들의 신
넵투누스의 행동은 평온하고 온화하다.

임무

넵투누스는 예측할 수 없는 바다를 잠재우고 제압한다. 넵투누스의
상징은 삼지창이며 그것으로 샘이 솟아나게 할 수 있다. 넵투누스에게
신성한 동물은 말과 돌고래, 황소이다. 전쟁의 신 마르스가 땅의 군대를
위해 존재한다면 넵투누스는 로마의 바다의 권력을 상징한다.

제식과 축제

수많은 제단과 축제는 바다의 신 넵투누스가 로마신들의 세계에 정착
했음을 입증한다. 사람들은 넵투누스신만이 아니라 바람과 바다, 그리
고 파도에도 경의를 표했다. 넵투누스신은 경주로의 보호자이다. 로마
인들은 원형 대경기장 플라미니우스 위에 제단을 축성했다.

넵투누스를 위한 축제는 넵투날리아(Neptunalia)로 매년 7월 23일에
여름의 건기를 극복하기 위해 열렸다. 축제가 개최되는 마르스펠트 위
에 활엽수가지로 지붕을 이은 작은 집을 세웠다. 넵투날리아 축제 때에

는 흥겨운 연회가 열리며 황소들을 제물로 바쳤다. 축제는 고대 후기까지 로마의 중요한 축제로 남았다. 그리고 점점 연중 가장 큰 장[年市]이 열리는 민중의 축제로 발전했다.

12) 사투르누스(Saturnus) - 농경의 신

사투르누스는 파종과 수확의 여신 옵스의 남편이며 로마인들은 그리스의 크로노스와 같은 신으로 본다. 크로노스가 자신의 아들 제우스에게 권력을 빼앗기고 쫓겨나 이탈리아로 도망간 것이다.

사투르누스와 헤라

'씨를 뿌리는 자'라는 뜻의 사투르누스는 라티움으로 도망을 가는데 그곳에서 시작과 끝의 신 야누스를 만난다. 야누스는 그의 통치권을 사투르누스와 나눈다. 호의적으로 그를 받아준 것에 대한 감사로 사투르누스는 인간들에게 농업과 포도 재배를 가르친다. 사투르누스가 지배한 시기는 황금시대로 로마의 신화에 도입된다. 사투르누스를 대표하는 상징으로는 굴절되고 이가 난 수확의 검 하르페를 들수 있다.

제식과 축제

BC 5세기 초부터 로마인들은 사투르누스를 숭배하기 위해 포룸 로마눔(로마인의 광장) 위에 신전을 건립했다. 사투르누스는 신전의 창고 안에 국가의 보물(아이라리움)을 보호한다. 시저의 약탈 이후에 무나티우스 플란쿠스(Munatius Plancus)는 BC 42년 카피톨리노의 기슭에 다시 신전을 건축한다. 아우구스투스 이후에는 아에리움 사트루르니(Aerium Satrurni)라는 이름을 가진다.

율리우스 카이사르(시저), 흉상

AD 283년의 화재 이후 로마인들은 신전을 다시 재건한다. 오늘날 신전에서 볼 수 있는 8개의 기둥과 합각머리는 재건축 때 만들어진 것으로 보인다.

12월 17일 봉헌일은 사투르누스신을 경배하기 위한 날로 해마다 열리는 사투르날리아(Saturnalia)의 서막을 형성하는 날이다. 황제시대의 가장 유명한 로마 축제가 12월 23일까지 열렸다.

로마인들이 가장 선호하는 축제의 특징은 사회적인 계급질서의 전환이다. 노예는 발목의 족쇄를 떼고 주인은 노예의 시중을 들어야만 한다. 지배적인 언론의 자유로 인해 몇몇 사람들이 수많은 비판을 듣고 참아야만 했다. 당연히 이 날에는 술이 넘쳐났다. 시장판매대는 흥겨운 소란으로 들썩이고 비상상태가 발생하기도 했다.

포룸 로마눔(로마인들의 광장)

13) 베누스(Venus, 비너스) – 사랑의 여신

베누스는 정원, 매혹 그리고 봄의 고대 이탈리아 여신이다. 여신 베누스는 그리스의 아프로디테의 특징과 성격을 가진다. 이탈리아에 정착해서 라티움에 도시 라비니움을 건설한 영웅 아이네이아스의 어머니가 베누스이다. 아이네이아스의 아들 율리우스는 후에 알바롱가를 건립했으며 그곳의 자매도시가 로마이다. 전쟁의 신 마르스와 공동으로 베누스는 BC 217년부터 로마에서 신들의 대연회(Lectisternium)에 나타났다.

임무

로마인들은 베누스를 도시 로마의 조상이자 수호신으로 경배한다. 정원의 여주인 베누스는 약용식물과 미용약초를 지킨다. 포룸 율리움(Forum Julium)에 있는 베누스의 신전에서 베누스는 물놀이를 하는 샘의 요정들과 함께 목욕하는 사람들의 여주인으로 연상된다. 베누스는 또한 유황 증기, 메피티스(Mefitis)의 여신과도 밀접한 관계를 유지했으며 치유의 여신이기도 하다.

사랑의 여신으로서 베누스는 신들뿐만 아니라 일반인들과도 정사를 가졌다. 하지만 베누스의 진정한 사랑은 단지 마르스뿐이었다. 그럼에도 불구하고 그녀는 유피테르의 강요에 의해 불카누스신과 결혼한다. 베누스와 항상 동행하는 이는 베누스의 아들 큐피도(Cupido)이다. 활과 화살로 무장한 큐피도는 신들과 인간들의 심장에 사랑을 쏘았다.

? 알고 넘어가기

BC 1세기에 베누스 숭배는 지도적인 정치인들을 통해 새로운 호황을 경험한다. 카이사르는 그의 종족의 근원을 아이네이아스에서 찾았다. BC 46년에는 포룸 율리움에 풍요의 여신 베누스 게네트릭스(Venus Genetrix)의 신전을 짓게 하였다.

제식

BC 295년에 베누스 최초의 공식적인 신전이 로마에 축성되었다. 이 신전은 결혼을 파기한 모든 이들의 벌금으로 지원받아 막시무스 원형대극장 근처에 세워졌다. 파비우스 막시무스는 시빌의 예언집의 조언을 받는다. 제2차 포에니 전쟁(BC 218~BC 201) 때에 카피톨리노 언덕에 베누스 에리키나를 위해 두 번째 공식적인 베누스 신전을 건립했다. 나중에 베누스는 시빌의 예언집의 조언에 따라 마르스의 연인이 된다. 로마인들은 BC 181년에 사랑의 여신을 위한 세 번째 신전을 축성한다.

14) 불카누스(Vulcanus) - 불의 신

에트루리아인들은 고대 이탈리아의 불의 신 불카누스를 로마에 전파했다. BC 3세기 말에 그리스의 헤파이스토스와 동격화된다. 그의 이름은 아마도 에트루리아의 도시 불치(Vulci)에서 나왔을 것이다.

헤파이스토스와 그리스의 전쟁의 신 아레스는 서로 적의를 품고 있다. 하지만 불카누스와 로마의 전쟁의 신 마르스는 서로 호의적으로 대면한다. 왜냐하면 로마인들에게 있어 무기 제작과 무기 수송은 언제나 함께 이루어지는 일에 속하기 때문이다.

임무와 제식

헤파이스토스처럼 불카누스는 불의 주인이다. 이주지와 도시를 파괴하는 화재를 일으킬 수 있기 때문에 인해 인간들은 불카누스를 두려워했다. 신의 대장장이로서 불카누스는 무기와 전쟁트럼펫 같은 것들을 만들어내었다. 또한 불카누스는 화재를 일으키는 번개를 만들 수도 있다. 불의 신은 노동하는 수공업자로 묘사되며 모든 대장장이들의 공구가 불카누스의 상징이 될 수 있다.

라티움 사람들은 오래 전부터 불카누스를 숭배해왔는데 BC 6세기경의 오래된 제식의 흔적을 포룸 로마눔 위의 검은 포장 아래에서 발견할 수 있다. 볼카날(Volcanal, 사당, 사원)로 표현된 그 흔적은 수많은 정치적 결정이 집약된 코미티움(Comitium) 바로 옆에 놓여 있다.

주제단과 더불어 마르스펠트 위에 신전이 있으며, 신을 경배하기 위해서 로마에서는 5월 2일에 투빌루스트룸(Tubilustrum) 축제가 열렸다. 그곳에서 전쟁트럼펫은 깨끗하게 정화된다. 8월 23일에는 불카누스의 주요 축제 불카날리아(Volcanalia)가 개최된다.

15) 메르쿠리우스(Mercurius) – 상업의 신

무역, 장사, 부와 수익의 로마신은 그리스의 신 헤르메스의 상징을 이어받았다. 그러므로 유피테르의 아들 메르쿠리우스는 지하세계로 가는 영혼들의 안내자이자 신들의 사신이기도 하다.

메르쿠리우스는 소식을 전하고, 길을 제시하며, 화로를 보호한다. 게다가 온갖 술수에 대한 권한을 가지고 있다. 메르쿠리우스의 상징으로는 헤롤드 지팡이(Caduceus)와 돈지갑(Marsupium)을 들 수 있다. 메르쿠리우스는 대부분 여행 모자를 쓰고 날개 달린 신발을 신는다.

제식

BC 5세기경에 이미 로마에는 메르쿠리우스 제식이 존재했다. 이 제식은 상인들의 조직통합 메르카토룸 콜레기움(Mercatorum Collegium)을 통해 개최되었으며 상인들의 날인 5월 15일에 창립일 축제가 열렸다.

신들의 사신에게 면책특권을 부여하는 헤롤드 지팡이는 팍스로마나의 아우구스투스 시대의 평화를 알리는 상징이었다. 무역의 신은 이 시대부터 메르쿠리우스 아우구스투스라는 영광스런 이름을 가지게 되었다.

아름답고 힘센 젊은이로 묘사되는 신들의 전령 메르쿠리우스는 수많은 작은 입상에서 동물들과 함께 있는 모습으로 표현되었다. 메르쿠리우스를 숭배하기 위해서 숫양, 염소, 수퇘지 또는 수탉과 같은 것들을 제물로 바쳤다. 신화에 따르면 메르쿠리우스는 거북이 등껍질로 리라(Lyra)를 만들기 때문에 그에게는 거북이를 제물로 바치지 않는다.

4. 고대 로마의 신들

그리스 올림포스신들과의 융합으로 탄생한 위대한 국가신과 함께 로마에는 예로부터 내려오는 더 많은 수의 신들이 사람들에게 숭배되고 있었다.

1) 퀴리누스(Quirinus)

유피테르, 마르스와 함께 로마의 신 퀴리누스는 카피톨리노 언덕 위에서 고대신의 3체를 형성한다. 그 후 BC 509년에 유노와 유피테르 그리고 미네르바 3체에 의해 교체되었다. 퀴리날리스 언덕에 살고 있는 사빈족 고대 종족의 전쟁신은 평화를 사랑하는 전쟁의 신 마르스의 형태이다. 퀴리누스신의 제식은 마르스 제식과 맞서 의미를 잃어버렸고, 신격화된 로물루스 제식과 결합되었다.

2) 야누스(Janus)

시작과 끝, 출입과 출구, 온갖 술수의 신 야누스는 가장 오래된 순수한 로마신에 속한다. 새로운 한해의 시작인 1월(January) 달이 야누스의 이름을 땄다. 야누스의 상징은 양면의 얼굴이다.

포룸 로마눔에 있는 야누스의 활은 그 시대가 전쟁 상태인지 평화로운 시대인지를 명백하게 보여준다. 왜냐하면 전쟁이 일어났을 경우에만 평상시에 닫혀 있던 성문이 열리기 때문이다. 신화에 따르면 야누스는 라티움 최초의 왕으로 유피테르에게서 도망치는 사투르누스를 친절하게 맞아주었다고 한다.

야누스의 얼굴이 새겨진 화폐

야니쿨루스(Janiculus) 언덕의 야누스는 라티움을 다스리고 문명을 도입한다. 그러면서 사투르누스를 카피톨리노 언덕에 정주하도록 하였다. 삶에서 중요한 의미를 가지는 공식적이거나 개인적인 행사는 모두 야누스의 보호를 받았다. 모든 기도에서도 사람들은 야누스를 가장 먼저 불렀다.

3) 솔(Sol)

로마의 태양의 신으로서 솔은 광범위한 의미에서 그리스의 헬리오스에 해당한다. 퀴리날리스 언덕 위의 신전과 더불어 솔은 마차의 수호신이었다. 그렇기 때문에 로마인들은 대원형경기장 막시무스에 있는 신전에서 그를 숭배했다.

4) 텔루스(Tellus)

풍요로운 양식이 있는 땅 로마의 여신 텔루스는 테라 마테르라고 하며 그리스의 가이아와 연결된다. 풍요의 여신으로서 텔루스의 제식은 케레스의 제식과 결합되었다.

5) 파우누스(Faunus)

로마인들은 고대 라틴의 신 파우누스를 자연, 양치기, 농부, 가축과 농경의 수호신으로 숭배하였다. 파우나(Fauna)는 파우누스의 아내이자 여동생이었다.

파우누스는 그리스 신화의 판(Pan)과 점점 더 비슷해졌다. 판처럼 동물과 인간을 놀래길 좋아했으며 꿈에 나타나기도 했다. 대체로 파우나(그리스 신화의 사티로스) 무리와 동행했다.

매년 2월 15일에 로마에서 열리는 루페르칼리아 축제 기간 동안 그를 위한 축제가 부분적으로 열렸다.

6) 보나 데아(Bona Dea)

보나 데아는 '선한 여신'으로서 파우누스와 밀접한 관계를 맺고 있

대원형경기장 막시무스(Circus Maximus)

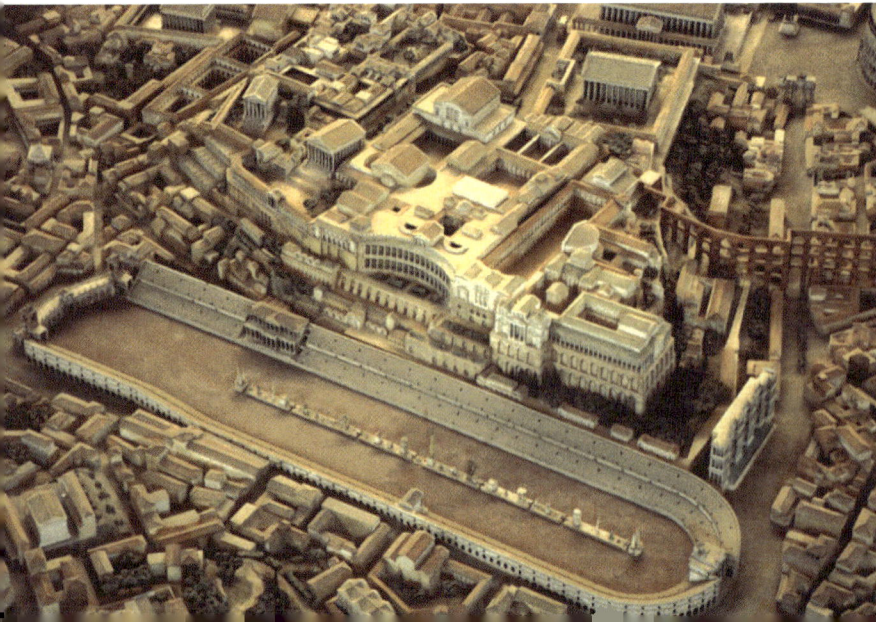

다. 로마에 뿌리를 둔 보나 데아는 여성들의 다산을 책임지는 여신이다. 또한 치료에 사용되는 약초도 보나 데아 여신이 관리하였다.

매년 12월이면 보나 데아 여신을 위한 축제가 고위 관직자들의 집에서 열렸는데, 남자들은 이 제식 행위에 참여할 수 없었다.

7) 플로라(Flora)

고대 이탈리아의 봄의 여신은 꽃과 열매의 보호를 담당하고 있다. 여신은 플로라 마테르(Flora Mater)라는 이름으로도 불린다. BC 495년에 로마인들은 로마의 대원형경기장 막시무스에서 멀지 않은 곳에 축성된 신전에서 그녀를 숭배하였다.

매년 4월 28일부터 5월 1일까지 로마에서는 여신 플로라를 위해 봄을 맞이하는 기쁨의 축제 플로랄리아(Floralia)가 열렸다. 꽃과 떠돌이 유랑단, 외설적인 자유분방함(나체로 춤추는 무녀들) 그리고 토끼와 염소의 경주를 통해서 여신에게 경의를 표했다.

꽃의 여신 플로라

8) 안나 페렌나(Anna Perenna)

BC 5세기 초에 로마에서 신분투쟁이 발발했다. 신화에 따르면 고대 로마의 여신 안나 페렌나는 그 기간 동안에 세습귀족과 평민들 사이에서 민중을 기아로부터 지켜줬다고 한다. 안나 페렌나 여신은 늙은 여인의 모습을 하고 신성한 산 위로 이주한 평민들에게 직접 구운 과자를 팔았다고 한다.

또 다른 이야기로는 안나 페렌나는 디도의 자매였다고 한다. 안나 페렌나는 남편 피그말리온(Pygmalion)이 살해되자 살인자를 피해 아프리카로 도주하여 이사르바스(Isarbas) 왕의 도움으로 그곳에 정착한다. 하지만 이사르바스 왕이 그녀와 결혼하려고 하자 화형장으로 뛰어들어 자살한다. 로마인들은 신분투쟁에 대한 공로를 치하하며 풍부한 음식과 음료를 준비하여 매년 3월 15일에 로마에서 민중축제를 열었다.

9) 마테르 마투타(Mater Matuta)

어머니신이자 보모의 여신으로서 마테르 마투타는 BC 6세기경부터 이탈리아에서 숭배되었다. 마테르 마투타는 그리스의 디오니소스의 보모 이노 레우코테아(Ino Leukothea)와 밀접한 연관이 있다. BC 1세기에 이노 레우코테아와 동격화된다. 마테르 마투타의 신전은 로마의 포룸 보아리움(Forum boarium) 위에 세워졌다.

10) 옵스(Ops)

옵스는 파종과 수확의 로마 여신이자 사투르누스의 아내이다. 매년 8월 25일에 옵스를 위한 추수감사제 오페콘시바(Opeconsiva)가 열렸다. 사람들은 이 축제에서 수확의 여신 옵스 콘시바(Ops consiva)를 경배하기 위해서 제물을 바쳤다. 이 축제는 카피톨리노 언덕 위에 지어진 옵스 여신의 성전에서 열렸다.

두 번째 축제 오팔리아(Opalia)는 12월 19일에 열렸다. 그녀의 제식은 레지아(Regia)의 성단(지성소)에 설치된다. 후에 사람들은 마그나 마테르라고도 불리는 키벨레와 제식을 혼합하면서 그녀를 그리스의 레아(Rhea)와 동격화한다. 그것을 계기로 키벨레 제식이 로마에 도입된다. 제식의 방종한 측면은 일단 강하게 제한되었지만 황제시대의 시작으로 모든 것이 확장되었다.

키벨레 제식행위의 배경은 키벨레와 아티스의 신화이다. 키벨레(대모신)는 프리기아의 강의 신인 상가리오스(Sangarios)의 손자 아티스(Attis)를 사랑한다. 하지만 아티스는 그녀에게 성실하지 않았으며 페시누스의 왕의 딸과 결혼하기로 결심한다. 그에 키벨레는 결혼식 하객들에게 정신착란을 일으켜 복수하고, 산으로 도망간 아티스는 음경을 제거한 후 결국 자살한다. 키벨레는 그를 기억하며 추도식을 준비한다. 갈리라고 불리는

오스티아의 폐허

그녀의 사제들이 산에서 아름다운 아티스를 찾아내는데, 그들은 열광적인 춤에 빠져들고 사지를 절단하거나 스스로 음경을 제거하기도 한다.

키벨레 제식행위는 3월 15일에서 27일까지 거행되었다. 정식으로 축제를 시작하기 전에 전야제에서 똑같은 행렬과 며칠간의 금식이 행해졌다. 제식에서는 키벨레의 조각상을 티베 강의 지류인 알모 강으로 가져가서 그곳에서 여신의 정화(Lavatio, 손을 씻는 예식)를 거행한다.

AD 2세기에 새로운 의식이 생겼는데 아티스는 이 의식에서 새로운 삶을 얻어 깨어나고 인간들에게 죽음 후의 부활을 보장한다.

포모나

11) 포모나(Pomona)

풍요로운 과일을 지키는 로마의 여신 포모나는 변화와 변천의 신 베르툼누스의 아내이다. 포모나라는 이름은 라틴어 포뭄(Pomum, 나무와 과일의 풍요)에서 나왔다. 포모나의 신성한 숲은 로마와 도시 오스티아 사이에 놓여 있다.

12) 베르툼누스(Vertumnus)

변화와 변천의 신인 베르툼누스는 계절과 인간의 기분을 책임진다. 로마에서는 8월 13일에 그를 경배하기 위해서 베르툼날리아(Vertumnalia) 축제를 열었다. 베르툼누스의 신전은 로마의 아벤틴 언덕 위에 지어져 있었으며 후에 로마인들은 베르툼누스와 그의 아내 포모나를 정원의 신으로 받들어 함께 숭배하였다.

13) 팔레스(Pales)

숲과 목자들의 여신으로서 팔레스는 가축의 무리를 지킨다. 정화의 축제 팔리리아(Palilia)는 매년 4월 21일에 열렸는데 이 축제는 공식적으로도 열리고 개인적인 범위에서도 진행되었다. 이 기간이 되면 목자들은 마구간을 깨끗하게 청소하고 정화의 목적으로 여신에게 과자와 우유와 함께 피가 나지 않는 제물을 바쳤다. 이어서 목자는 기도를 하면서 동물들의 다산을 기원하고 마지막에는 정화를 위해 짚불 위를 뛰었다.

14) 포르투누스(Portunus)

로마의 항구와 그 진입로의 신을 위한 축제는 BC 6세기경부터 고대 로마의 달력에 기록되어 있었다. 사람들은 8월 17일에 로마에서 포르투날리아(Portunalia) 축제를 열었다.

마테르 마투타의 아들로 포르투누스는 야누스와 유사하다. 그의 어머니처럼 포르투누스는 난파당한 사람들을 도왔다.

15) 카스토르(Castor)와 폴룩스(Pollux)

수많은 영웅적인 행위는 제우스의 아들인 카스토레스 카스토르(Castores Castor)와 폴룩스(Pollux)의 몫이다. 그들의 제식은 그리스에서 유래되었는데, 그리스 사람들은 제우스와 레다의 아들인 카스토르(Castor)와 폴리데우케스(Polydeukes)를 숭배했다. 폴리데우케스는 죽

포이베와 힐라에이라를 납치하는 형제

지 않는 불사의 신이며 카스
토르는 죽음을 피할 수 없는
존재이다. 신화에 따르면 이
들은 교대로 하루는 올림포
스에서 지내고, 하루는 지하
세계에서 지냈다고 한다.

스파르타에 정착한 제우
스의 두 아들을 위한 제식
은 급속도로 이탈리아로 확
장되었다. 서로 떨어질 수
없는 쌍둥이는 선원들의 수호신이자 전투의 지지자였다. 또한 일반적으
로 인류에 도움을 주는 신들이었다. 그 외에도 특히 카스토르와 폴룩스
는 로마에서 귀족정치의 수호신이었다. 신화에 따르면 그들은 로마인들
이 BC 496년 레길리우스 호수에서 벌어진 라틴인들과의 전쟁에서 승
리한 후 포룸에 출현하였다고 한다. 쌍둥이 신은 지친 말들을 위해 이우
투르나 샘물에 목을 축이도록 하였다.

BC 484년경에 포룸 로마눔 위에 그들을 위한 신전이 축성되었고 지
금까지도 그 중에서 세 개의 기둥이 남아 있다.

16) 유스티티아(Justitia)

도덕에 대한 로마의 신으로서 유스티티아는 정의의 화신이다. 유스티
티아 여신은 일반적으로 접시와 왕홀 그리고 저울을 들고 눈을 가린 모
습으로 묘사된다. 공평한 평가를 위한 상징이다. 현세의 상징으로서 오

늘날에도 여전히 수많은 법원 건물에 유스티티아 여신의 모습이 장식되어 있다. 유스티티아는 그리스의 정의의 여신인 디케(Dike)나 테미스(Themis)에 해당한다.

17) 리베르타스(Libertas)

로마에서 리베르타스는 자유에 대한 상징이다. 영원한 도시 로마에서 리베르타스를 위한 수많은 신전이 세워졌다. 리베르타스 여신은 대게 왕홀과 창을 들고 머리에는 자유의 모자인 필레우스(Pilleus)[6]를 쓴 모습을 하고 있다. 또한 들고 있는 창은 노예들을 자유의 신분으로 풀어주는 데 사용되었다. 아벤틴 언덕 위에 있는 리베르타스 여신의 신전은 학자들과 철학자들이 사상을 공유하고 토론을 벌이는 장소가 되었다.

18) 루나(Luna)

루나는 로마의 달의 여신이자 마차조종의 수호신이다. 로마인들은 태양의 신 솔과 루나를 아벤틴 언덕 위의 신전에서 함께 숭배하였다. 루나는 말이 끄는 마차를 타고 하늘을 나는 새벽의 여신 아우로라(Aurora)와 자매였다. 루나의 이름을 따서 월요일은 달의 날(dies Lunae)이라고 불렸으며 이 말은 지금까지도 여전히 이어져 사용되고 있다. 이탈리아어로 월요일은 Lunedi, 프랑스어로는 Lundi이다. 루나는 후에 그리스의 셀레네(Selene)와 동격화되었다.

19) 피에타스(Pietas)

로마인들은 피에타스의 신들에 대한 아이 같은 사랑과 경건함을 숭배한다. 사람들은 귀부인의 모습을 하고 제단 앞에서 선 피에타스에게 열매나 동물 그리고 향을 제물로 바친다.

20) 푸디키티아(Pudicitia)

푸디키티아는 정숙함과 정조의 화신이다. 신분사회였던 로마는 당연히 세습귀족과 평민들의 푸디키티아를 구별했다.

세습귀족인 아울루스(Aulus)의 딸 비르기니아(Virginia)는 평민이었던 볼룸니우스(Volumnius)와 결혼했다. 그렇기 때문에 비르기니아의 자매는 그녀와 같은 신전을 이용하려고 하지 않았다. 화가 난 비르기니아는 그와 같은 오만한 신분의식을 고려하여 자신의 집 안에 평민 푸디키티아를 위한 자신만의 제단을 세웠다. 그리고 평민계급의 여성들을 초대했다. 여기서 숭배된 푸디키티아는 귀족적인 푸디키티아와 비교했을 때 '좀 더 순수한' 신으로 여겨졌다. 그리고 일부일처의 여성들만이 이곳에 제물을 바칠 수 있었다. 푸디키티아는 베일로 얼굴을 가리고 왕좌에 앉아 있는 귀부인의 모습으로 그려진다.

21) 비르투스(Virtus)

덕의 여신 비르투스는 명예의 신 호노스(Honos)와 밀접 관련을 맺고 있다. 비르투스는 젊은 여성이나 귀부인으로 묘사되기도 하지만 남성이나 고령의 노인으로 그려지기도 한다. 비르투스는 가슴갑옷, 투구, 방패, 검 또는 창을 들고 있으며, 가끔 무기 대신에 나뭇가지를 지니기도 한다.

22) 호노스(Honos)

로마의 명예의 신으로서 호노스의 제식은 비르투스의 제식과 결합된다. 호노스는 자주색 외투와 월계관, 풍요를 상징하는 뿔, 창 또는 올리브가지와 함께 묘사된다. 대부분 한쪽 발은 공 위에 올려놓았다.

23) 클로아키나(Cloacina)

여신의 이름은 로마의 하수관 체계 클로아카(Cloaca)에서 유래하며 동시에 그것의 수호신이다. 클로아키나의 신전은 예전 로마의 광장에 있는 집회장에 세워졌다.

클로아키나의 숭배는 기이한 상황에서 시작되었다.

어느 날 사람들은 도시의 거대한 하수도에서 한 여성의 조각상을 발견하였다. 사빈족의 왕 타티우스는 그 조각상이 그때까지 알려지지 않은 신과 연관되어 있다고 결론지었다. 그 이전에는 어느 누구도 그것이 무엇인지 알지 못했다.

24) 콘코르디아(Concordia)

콘코르디아는 조화의 상징이며 시민들 사이의 평화를 촉진한다. 로마의 여신은 풍요를 상징하는 뿔, 제물 접시, 메르쿠리우스 지팡이를 들고 손을 서로 교차한 상태의 모습으로 그려진다.

로마에 있는 콘코르디아의 신전은 도시의 가장 화려한 성전에 속한다. 콘코르디아를 숭배하기 위해서 사람들은 매년 1월 16일에 콘코르디아 축제를 열었다. 이 축제는 신전의 축성을 기리는 것으로 평민과 귀족 사이의 신분투쟁이 끝난 후에 화해의 의미로 축성한 신전이다.

25) 페로니아(Feronia)

자유를 얻은 로마의 노예들이 숲의 여신 페로니아를 가장 많이 숭배한다. 페로니아는 담쟁이덩굴, 포도 그리고 꽃과 함께 묘사된다. 페로니아의 신전에서 노예들은 예전의 소유주로부터 모자를 전달받는다. 그것은 자유를 얻은 것에 대한 표시이다.

신화에 따르면 리쿠르고스(Lycurgus)가 지배하고 있을 때 몇몇 노예들이 바다 쪽으로 도망갔다. 그들은 구조를 기대하면서 그들이 도착하게 될 장소에 신전을 세울 것을 맹세했고 그렇게 지어진 신전이 페로니아의 신전이라고 한다.

26) 피데스(Fides)

충실함과 믿음을 상징하는 로마의 화신 피데스는 맹세의 여신이기도 하며 동시에 패자와 굴복한 자들을 위한 수호신이기도 하다. 피데스는 풍부함을 상징하는 뿔과 이삭을 가지고 다닌다. 한 손에는 전쟁의 상징을 들고 다른 손에는 비둘기, 독수리 또는 까마귀를 가지고 있는 모습을 볼 수 있다. 국가의 여신으로서 피데스는 로마인들의 믿음(피데스 포풀리 로마니)이라고도 불린다.

27) 포르투나(Fortuna)

고대 이탈리아의 여신 포르투나는 행복, 우연과 운명의 신이다. 동시에 개인, 공동체, 장소와 사건에 대한 어머니신이자 수호신이다. 포르투나는 그리스의 티케(Tyche)에 해당한다. 국가의 여신으로서 로마인들의 행운(포르투나 포풀리 로마니)이라고 불린다.

포르투나는 구르거나 흔들거리는 공을 타고 나타나며 한 손에는 운명의 키를 들고, 또 다른 한 손에는 풍요의 뿔과 바퀴를 가진 모습으로 나타난다. 로마에서는 에트루리아의 왕 세르비우스 툴리우스가 포르투나를 위한 제식을 만들었다.

신탁의 여신에게 문의를 하기 위해서는 제비뽑기를 해야만 했다. 이 추첨은 작은 나무토막에 선을 긋는 것으로 이루어졌으며, 성직자 중 한 사람이 여신의 뜻을 해석했다.

영어로 행운을 뜻하는 '포천(fortune)'은 포르투나에서 비롯되었다.

28) 카르멘티스(Carmentis)

로마의 여신 카르멘티스는 미래에 대한 예시를 시나 노래의 형태로 읽어준다. 카르멘티스는 에반드로스의 어머니이자 아내이며 헤라클레스(또는 헤라쿨레스)의 운명을 예시한다.

카르멘티스는 그리스의 알파벳을 라틴어로 전수했다. 카르멘티스는 또한 니코스트라테(Nicostrate)라는 이름으로도 알려져 있다. 1월 11일과 15일에 로마의 여성들은 카르멘티스를 경배하기 위해서 카르멘탈리아 축제를 거행하였다.

29) 아카 라렌티아(Acca Larentia)

아카 라렌티아는 고대 로마의 어머니신이자 수호신이다. 라렌(Laren)의 어머니이며 약칭은 라라(Lara)이다. 아카 라렌티아는 목자 파우스툴루스의 아내이며 성직자평의회 아르발레스를 창설한 열두 아들의 어머니이다.

아카 라렌티아는 신화에서의 도시건립자 로물루스와 레무스를 키운

보모이며 헤라클레스 제식의 범위 안에서 그의 아내이기도 하다. 로마에 있는 아카 라렌티아의 신전에서 사람들은 창조자로서의 그녀를 경배한다. 로마에서는 매년 12월 23일에 아카 라렌티아와 더불어 다른 라렌들에게도 중요한 축제 기념극이 상연된다.

30) 팍스(Pax)

팍스는 평화의 여신이다. 수많은 동전에 새겨진 팍스의 모습은 대부분 한쪽 손에 왕홀을 들고, 다른 한쪽 손에는 날개가 달린 메르쿠리우스 지팡이나 풍요를 상징하는 뿔과 올리브가지, 간혹 이삭을 든 경우도 있다.

아우구스투스 황제는 BC 9세기에 마르스펠트 위에 자신의 팍스를 위한 제단(아라 파치스 아우구스테, 아우구스테의 평화의 제단)을 세웠다. AD 75년 황제 베스파시안(Vespasian)은 팍스를 위해 그가 지은 포룸 파치스(Forum der Pax) 위에 신전을 축성했다. 이 신전에서 사람들은 티투스가 예루살렘으로부터 약탈한 유대인의 신전 보물을 보관했다. 호화롭게 장식된 신전 안은 황제 네로가 그리스에서 유래하는 수많은 그림기둥을 세워놓도록 했다. 하지만 이 그림들은 코모두스 황제의 집권 때 모두 불타버리게 된다.

팍스의 제단은 피로 물들어서는 안 된다. 그렇기에 사람들은 팍스 여신에게 다리와 엉덩이의 뼈만을 제물로 바쳤다. 팍스는 그리스의 에이레네에 해당한다.

31) 스페스(Spes)

로마의 희망과 정원의 여신 스페스는 언제나 초록색 옷을 가볍게 걸친 젊은 여성으로 묘사된다. 손에는 백합이나 세 개의 잎, 가끔은 곡식 이삭이나 꽃을 지니고 있다.

아우구스타(Augusta, 숭고함), 보나(Bona, 선함), 페르페투아(Perpetua, 영속적임)와 같은 별명을 가지고 있다.

신화에 따르면 에피메테우스가 판도라의 상자를 열었을 때 다른 모든 병과 불쾌한 것들이 빠져나갔음에도 불구하고 유일하게 상자 안에 남은 것이 희망이라고 한다. 그것으로 인간에게는 언젠가 좋아질 것이라는 희망이 남았다.

인류 최초의 여성 판도라

32) 나에니아(Naenia)

나에니아는 장례를 담당한 로마의 여신이다. 특히 아주 나이 많은 사람들을 장례할 때 수호신의 역할을 하였다. 친지가 사망했을 때 장례식에서 돈을 받고 울어주는 여자들이 있듯이 시신 앞에서 노래를 부르고 피리 연주가 동반되는 애도의 노래에 이름을 부여해 주는 여신이다.

33) 유투르나(Juturna)

유투르나의 이름은 돕는다의 의미를 가진 iuvo에서 파생한다. 그녀는 물의 부족으로부터 사람들을 지켜준다. 유투르나를 마음에 들어 한 유피테르는 그녀를 신으로 만들어주겠다고 약속하면서 자신을 받아들이라고 한다. 유투르나는 유피테르의 뜻에 따랐다. 왜냐하면 그로 인해 유투르나는 내륙의 수로, 즉 호수와 강의 여신이 되었기 때문이다. 유노는 남편 유피테르와 유투르나의 정사를 용서한다.

유투르나는 자신의 동생을 구출하기 위해서 마차조종사 투르누스의 편에서 아이네이아스에게 대항하는 싸움에 끼어든다. 하지만 투르누스가 마차에서 뛰어내리는 바람에 유투르나와 아이네이아스의 싸움이 된다.

로마인들은 마르스펠트 위에 그녀를 위한 신전을 세우고 그녀를 추모하면서 매년 유투르날리아(Juturnalia)제를 지낸다.

34) 파툼(Fatum)

로마인들은 파툼을 신격화했다. 파툼은 운명의 미사여구이며 동시에 불행의 악령이다. 모든 사람이 피할 수 없는 운명은 예를 들면 죽음과 같은 것이었다. 치명적인 또는 운명적인이라는 의미를 가진 파탈(fatal)이나 숙명론 또는 운명론이라는 의미의 패터리즘(fatalism)과 같은 단어들도 여기서 어원을 찾을 수 있다. 파툼은 에레보스(어둠과 암흑)와 밤의 자식으로 의인화된다.

35) 콘수스(Consus)

콘수스는 행복을 가져다주는 수확과 좋은 조언의 로마신이다. 콘수스는 로물루스에게 로마에 부족한 여성들을 채우기 위해서 교묘한 술책으로 사빈족의 여성들을 빼앗아올 수 있는 조언을 해주었다. 그 일이 성공하자 이때부터 로물루스는 콘수스를 숭배했다.

콘수스를 위해 매년 8월 18일에 콘수알리아 제례가 개최된다. 이러한 제례의 경연에서 평상시에는 땅에 숨겨져 있는 신의 제단을 볼 수 있었다. 이렇게 숨겨져 있는 신의 제단은 신의 조언을 비밀로 유지해야 한다는 것을 상징한다.

36) 살루스(Salus)

살루스는 로마의 안녕을 지키는 여신으로 국가의 일반적인 안전을 돌본다. 보통 월계수관을 쓰고 여신의 몸을 휘감고 있는 한 마리의 뱀과 동행한 모습으로 그려진다. 손에는 지팡이를 지니고 있다. 국가 안녕의 수호자로서 살루스 여신의 별명은 로마 시민의 구원을 의미하는 살루스 포풀리 로마니(Salus Populi Romani)와 살루스 아우구스타타(Salus Augustata)이다.

37) 파마(Fama)

로마인들에게 파마는 신의 아버지 유피테르의 전령이며 인간들의 소문과 명성의 화신이다. 여신 파마는 밤이 되면 언제나 세상을 돌아다니고 낮에는 탑과 지붕 위에서 보낸다. 사람들의 말을 엿듣고 바람의 밧줄로 그 이야기를 계속 전달한다. 그렇기에 파마는 날개를 단 깃털 옷을 입고 있다.

파마의 모습은 멈추지 않고 속삭이는 수많은 입과 귀와 함께 그려진다. 잘못된 것을 세상으로 전파할 때는 검은 날개가 되고 진실한 것을 전파할 때는 흰 날개를 가진다.

5. 동양의 영향

BC 1세기부터 로마의 병사들과 상인들이 오리엔트에서 머물렀다. 그들은 동양의 낯선 제식을 로마제국 전역에 전파했다. 로마인들은 신비로운 동양의 제식을 열광적으로 수용했다. 새로운 제식은 로마의 종교가 지금까지 제시하지 않았던 다른 뭔가를 제공했기 때문이다. 그것은 바로 죽어도 죽지 않는 것에 대한 믿음을 통한 위로와 희망이었다.

1) 이시스(Isis)와 오시리스(Osiris)

고대 이집트의 신인 이시스는 아주 오랜 옛날 우주(Kosmos)를 체계화했다. 여신 이시스의 지배지역은 하늘과 지하세계, 땅과 바다이다. 그녀는 운명을 조종하고 농작과 항해를 보호하며 그 외에도 법을 지킨다. 이시스는 특히 병에 걸린 아이들을 위한 수호신으로 이시스의 치료수단은 뱀에 물렸거나 전갈에 쏘였을 때 가장 효과가 뛰어나다. 이시스의 남편이자 오빠인 오시리스는 이집트에서 풍요의 신으로 숭배된다.

신화에 따르면 악의 정령 세트(Seth)가 오시리스를 죽이려고 했다. 세트는 오시리스를 큰 상자로 유인하여 상자문을 닫고 나일 강에 내버린다. 절망한 이시스는 남편을 찾아다니다 마침내 육지로 떠밀려 온 시체를 발견하고 슬퍼하며 크게 통곡한다. 두 사람을 찾아낸 세트는 오시리스를 14조각으로 찢어버리고 그를 바람이 부는 사방으로 흩뿌린다. 이시스는 흩어진 시체의 조각을 찾아나서고 조각들을 찾아 끼워 맞춘 후 오시리스를 매장한다. 그로 인해 오시리스는 새로운 생명을 얻는다. 그때부터 오시리스는 재판권을 가지고 죽은 이들의 세계를 지배하게 된다.

금과 청금석으로 된 오시리아 교회의 삼위일체

　로마인들은 이시스 오시리스 제식을 가장 선호했다. 저승의 신인 오르쿠스(Orcus)의 지하세계는 삭막한 곳으로 여겨지는 반면에 오시리스의 제국은 밤의 태양이 빛을 발한다. 이시스 오시리스 종교의 법칙에 따라 자신의 삶을 영위하는 사람들은 누구나 행복을 누리며 영원히 신과 함께 살게 된다.

　감각적인 즐거움과 성적인 자유를 허락하는 낯선 제식은 아우구스투스 황제(Augustus, BC 63~AD 14) 이래로 국가관리들에게 눈엣가시였다. 하지만 제식을 금지하려는 시도는 쉽게 이루어지지 않았다. 이시스 오시리스 제식이 인정받은 것은 칼리굴라 황제(Caligula, AD 12~41)가 집권

오시리스

한 후부터였다. 그때 비로소 그들을 위한 성전이 세워졌다. 칼리굴라 황제 스스로가 이시스와 다른 이집트 신들의 열정적인 숭배자였기 때문이다. AD 37년에 그는 마르스펠트에 이시스를 위한 신전을 건립했으며 오시리스를 찾아낸 것에 대한 축제를 국가제식으로 받아들였다.

AD 400년에도 로마에서는 제식의 테두리 안에서 행렬이 이어졌다. 로마인들에게 이시스는 달의 여신이었기 때문에 여신의 머리에는 초승달이 장식되어 있었다.

마르쿠스 아우렐리우스 안토니우스 카라칼라

> **！ 이시스와 오시리스 축제**
>
> 겨울이 지난 후 항해가 다시 시작될 때쯤 이시스를 경배하기 위해 해마다 3월 5일이면 로마에서 이시스의 배(Navigium Isidis)라고 하는 축제가 열린다.
> 두 번째 축제인 이시아(Isia)는 11월 13일부터 16일까지 이시스가 오시리스의 시신을 발견한 것에 대한 추모의 의미로 진행된다. 인간들은 신성한 춤을 통해 그들의 기쁨을 표현하였다.

2) 세라피스(Serapis)

세라피스신은 원래 멤피스(이집트의 고대도시)에서 온 황소의 신 아피스(Apis)를 구현한 것이다. 프톨레마이오스 1세(Ptolemaeos I, BC 367~BC 283)가 집권하면서 그리스인들과 로마인들이 숭배하는 신으로 발전했다. 세라피스는 대개 머리 위에 바구니와 비슷한 곡물도량형을 지니며 그것은 자신의 역할이 곡물 조달에 있다는 것을 상징적으로 강조하는 것이다.

세라피스는 또 지하세계의 신이기도 하다. 오시리스와 수많은 그리스 신들의 특징을 자신의 것으로 통합했다. 그의 제식은 모든 로마제국으로 확산되지만 물론 이시스의 제식처럼 확고한 위치를 확보하지는 못했다. 로마에서 세라피스는 이시스와 함께 공동의 성전을 가지고 있었다. AD 3세기 초에야 비로소 카라칼라 황제(집권 AD 211~217)가 세라피스를 위해 퀴리날리스 언덕에 그의 신전을 세웠다.

3) 미트라(Mithra)

미트라 제식은 수많은 종교적 사상과 의례적인 행사에서 기독교와 유사하다. 미트라의 신봉자들은 부활과 영원한 삶을 믿는다. 신앙인들은 일종의 세례와 같은 행위를 통해서 신앙공동체에 받아들여지며 7이라는 숫자가 중요한 의미를 가진다. 하지만 AD 4세기에 기독교가 국가 종교로 선포되자 미트라 숭배는 급격하게 막을 내린다.

미트라 제식은 비밀종교에 속한다. 페르시아에서 유래한 이 신은 선과 악의 싸움에 관한 생각을 전파한다. 신화에 따르면 세상과 선의 창조자인 아후라 마즈다(Ahura Mazda, 조로아스터교의 주요신)는 그의 적수인 악한 악령의 주인 아리만(Ahriman)과 싸웠다. 세상의 구원자이자 창조신으로 숭배되는 미트라는 아후라 마즈다의 아들이다.

로마인들의 정복을 위한 출정의 결과로써 미트라에 대한 믿음이 확산되었다. 특히 병사들이 신화적인 제식을 선호했다. 제대한 병사들과 노병들이 미트라 신앙을 도시와 마을로 가지고 온다. 오늘날에는 몇몇 기념비를 제외하고는 이 종교에 대해 남아 있는 것이 없다. 왜냐하면 제식과 그것에 대한 입증은 기독교인들에 의해 거세게 박해받았기 때문이다.

비밀종교는 남자들만을 위한 것이며 여성들은 이 제식에 접근할 수 없었다. 제식에서는 정신적인 불사에 도달하기 위해서 7가지의 봉납단계를 거쳐야만 했다. 밑에서부터 최고단계까지 그 과정은 다음과 같이 표현된다. 갈까마귀, 신랑, 병사, 사자, 페르시아인, 태양의 시중과 아버지. 봉납하는 사람들은 오랜 기간의 금식 후에 의례적인 정화와 금욕, 수많은 시험과 육체적인 고통을 견뎌내야만 다음 단계로 넘어갈 수 있었다.

제식행위는 동굴과 같은 어두운 공간에서 거행되었는데, 그것은 미트라가 동굴에서 태어나 세상으로 나온 데 대한 상징적 의미를 가진다.

? 알고 넘어가기

AD 2세기에 그려진 로마의 바르베리니 미트라 신전에 있는 잘 보존된 벽화는 미트라 제식의 의례를 잘 전달해준다.

6. 종교적인 축제

정복한 지역의 신들과 제식에 대한 로마의 열린 관심은 로마의 축제

달력에 그대로 반영되었다. 초기의 농경사회에는 풍요의 제례에 대해 기억하는 고대 로마의 축제가 있었다. 더불어 시간이 지나면서 새로운 낯선 신들(Di novensides)이 영입될 수 있도록 수많은 축제가 받아들여졌다. 먼저 낯선 신들의 제식인 루디 푸블리치(Ludi Publici, 대중경기)가 로마제국에서 화려하게 개최되었다.

로마의 달력을 보면 시민들의 삶에 적용되는 중요한 구분을 찾을 수 있다. 로마의 달력에는 파스티(fasti)와 네파스티(nefasti), 즉 공식적인 안건을 수행해도 되는 날들과 허락되지 않는 날들이 구분되어 있었다. 디에스 파스투스(Dies fastus)는 신의 법(fas)에 따라 시민들이 영업을 수행하도록 허락된 날이고, 디에스 네파스투스(Dies nefastus)에는 법정이 문을 닫고 상원회의와 민중집회가 열리지 않는 날이다. 이런 날들은 신들을 위한 축제와 경연이 있는 휴일이었다.

카이사르의 달력 개혁 이후에 공적인 장소에 세워진 달력은 일하는 날과 휴일의 구분에 관하여 설명하였다. 네파스티는 'N'으로 표시되었다.

루디 푸블리치(Ludi Publici)

로마의 공식적인 경연은 왕정시대 때부터 개최되었다. 그 경연에는 투사들의 경기와 동물사냥이 포함되었으며 그 외에도 종교적인 특징을 가지고 신들에게 감사하거나 신들과의 화해가 이루어졌다. 사람들은 세속적인 경연(Ludi Capitolini)과 같은 고대의 종교적 경연과 공화정시대의 루디 로마니와 루디 플레베이와 같은 시의회에서 개최하는 거대한 경연을 구분했다. 그와 더불어 여전히 대원형경기장 막시무스에서 열리는 마차경기(Ludi Circensis)도 존재했다. 그 축제는 스포츠 경기와 마차 경주로 구성된다.

루디 로마니(Ludi Romani)

이 축제는 BC 366년부터 매년 9월 5일에서 19일까지 유피테르를 경배하고 BC 509년에 건립된 카피톨리노의 3체 유피테르, 유노 그리고 미네르바의 신전에 대한 추모로써 개최된다. 신전 입구의 문에 못을 박는 행위는 전염병으로부터 사람들을 보호하는 작용을 했다. 카피톨리노 언덕에서 대원형경기장 막시무스로 이어지는 축제행렬은 카피톨리노 신들의 상징과 그림을 화려한 마차에 실어서 달리며 경연을 이끈다. 상원들의 이어지는 연회에는 옷을 입은 유피테르, 유노 그리고 미네르바의 조각상들이 의자 위에 세워진다. 그럼으로 인해 그들도 인간들과 함께 축제를 즐길 수 있다. 민중경연을 맞이하여 대원형경기장에는 거대한 마차경연이 개최된다.

루페르칼리아 축제(Lupercalia)

이 축제는 이탈리아 목자의 신 파우누스를 기리는 것으로 원래 정화와 속죄의 축제로 간주된다. 축제는 매년 2월 15일에 열리며 죽은 이들의 안식을 기린다. 루페르치(Luperci)는 농부들과 목자들의 신이다. 그의 성직자들은 팔라틴 언덕 – 여기에서 전설적인 로마의 건립자 로물루스와 레무스가 늑대의 젖을 먹고 자랐다 – 기슭에 있는 루페르칼리아라는 동굴에 피가 흐르는 제물을 가져다 놓아야만 한다. 그들은 개 한 마리와 한 마리 이상의 숫염소를 도살한다. 그리고 제물의 가죽을 길고 좁은 줄로 자르고 한 조각의 가죽만 걸친 채 팔라틴 언덕 주위를 돈다. 그들은 가죽 줄로 그들의 길을 방해하는 여성들을 친다. 하지만 신앙심 깊은 여성들은 그들의 행동을 그대로 받아들인다. 그로 인해 자신들의 번식력이 증가하며 쉽게 아이를 임신하게 된다고 믿었다.

에퀴르리아(Equirria)

로마에서 3월은 전쟁의 신 마르스를 위한 달이다. 3월이 되면 캄푸스 마르티우스(Campus Martius)에서 마차 경주가 펼쳐진다. 이어서 12명의 귀족들, 12명의 마르스신의 사제들 그리고 마르스의 성직자평의회가 화려하게 치장을 하고 춤을 추고 노래를 부르며 로마의 거리를 누빈다. 밤의 도시를 누비는 그들의 여정은 미리부터 정확하게 정해진 길을 따른다.

사투르날리아(Saturnalia)

사투르날리아는 사투르누스신을 경배하기 위한 축제로써 로마인들에게 가장 사랑받는 축제였다. 매년 12월 17일에서 23일까지 로마에서 개최되었으며 신전 앞에 제물을 바치는 것으로 축제의 시작을 알렸다. 축제가 열리는 동안에는 노동을 하지 않았으며 축제의 분위기는 여유롭고 자유로웠다. 카니발과 같은 분위기가 지배적이다.

그들을 지배하고 있는 사회 구조는 기쁨으로 들떠 있는 축제 기간 동안에는 거의 뒤죽박죽이 된다. 노예들에게는 자유를 선물하며 그들의 옛 주인들이 노예들의 시중을 들어야만 했다. 더불어 절대적인 연설의 자유가 보장되었기 때문에 이 기간 동안에는 수많은 공적 인물들이 거침없이 비판의 대상이 되기도 하였다.

루디 사에쿨라리스(Ludi Saecularis)

루디 사에쿨라리스는 스포츠 경기와 제물을 봉납하는 세속적인 경연으로 일정한 시기가 정해지지 않고 불규칙적으로 열렸다. 이 축제는 전통적으로 축제를 통해 새로운 세기의 시작을 인정하고 축하하기 위해서 백 년마다 한 번씩 거행되었다.

註 ─────────

1) 이탈리아 반도의 중부, 아펜니노 산맥과 티레니아 해(海) 사이, 티베르 강(지금의 테베레 강)의 남서에 위치하는 지방.

2) BC 218~BC 201년, 카르타고 전쟁 또는 한니발 전쟁이라고도 불리며 로마 공화정과 카르타고 사이에 벌어진 일련의 전쟁을 말한다. 카르타고의 장군 한니발과 로마의 대결이라는 점에서 한니발 전쟁으로도 부른다. 이 전쟁에서 로마 공화정은 초기에는 명장 한니발의 용맹에 밀려 이탈리아 본토까지 침략을 당하였으나 끝내 역전에 성공하여 카르타고를 꺾고 지중해 서부의 패권을 차지한다.

3) 벽감. 장식을 위하여 벽면을 오목하게 파서 만든 공간. 등잔이나 조각품 따위를 세워 둔다.

4) 고대 로마인의 긴 상의. 라틴어의 테고(tego, 덮는다는 뜻)가 어원이며 고대 로마의 전성시대를 통해 귀족과 자유시민의 영광의 상징이었고, 로마제국의 권위와 국력을 상징한 것이기도 하다.

5) 전설상의 로마 건국자. 군신 마르스와 알바 롱가(Alba Longa)의 왕녀 레아 실비아(Lea Sylvia) 사이에 태어난 쌍둥이 가운데 큰아들이다. 숙부에 의하여 동생 레무스(Remus)와 함께 티베르 강에 버려져 동물의 젖을 먹고 자라다가 목자(牧者)인 파우스툴루스(Faustulus)에게 구출되었다. 후에 숙부와 동생을 죽이고 로마시를 건설하여 왕이 되었다고 한다.

6) 고대 로마인들이 쓰던 머리에 꼭 맞는 챙 없는 모자. 필로스라는 그리스 선원들의 모자를 본뜬 것이다. 로마시대에는 일반적으로 모자를 쓰지 않았지만, 평민이나 해방노예들은 때로 펠트로 만든 필레우스를 썼다.

III

게르만 신화

지금까지 알려진 게르만 신화의 대부분은 스칸디나비아와 아이슬란드에서 유래된 것이다. 여기에도 구전으로 전파된 것들이 오랫동안 지속되어 왔다. 왜냐하면 스칸디나비아 지역에 기독교화가 체결된 것은 AD 11세기에 들어서부터였기 때문이다.

그와 반대로 독일에서는 기독교에 의해 '고대'의 신앙이 AD 4세기와 5세기 무렵에 공식적으로 와해되었다.

하지만 아이슬란드에서는 음유시인 스칼드(고대 스칸디나비아의 음유시인)가 시와 사가(Saga, 아이슬란드를 중심으로 AD 12세기에서 14세기에 걸쳐 발달한 고대 게르만 전설)를 통해 신들의 이야기를 읊음으로써 고대 신화가 다음 세대에까지 계속 이어질 수 있게 하였다.

오딘(Odin)

1. 증인과 원천

정확히 말하면 '게르만족'이라는 것은 존재하지 않았다. 적어도 엄격한 규정에 따른 민족개념에 따라 민족을 나누고자 할 때는 존재하지 않

에다

는다. 아마도 게르만이라고 하는 것은 바이킹 시대(AD 8세기 말에서 11세기까지)에 형성된 세계관을 지닌 부족과 종족의 다양한 혼합으로 이뤄진 오늘날의 유럽 지역을 이르는 말이라고 할 수 있을 것이다.

게르만 신화란 오늘날 독일, 네덜란드, 덴마크, 스웨덴, 노르웨이, 아이슬란드, 영국이 포함되는 유럽 북부 종족들의 신앙을 포괄적으로 이르는 말이다. 하지만 영국에서는 고대 아일랜드의 켈트족의 영향도 느낄 수 있다. 북쪽, 서쪽 그리고 동쪽 게르만족들의 신상에 대한 소개도 절대적인 일치를 보여주지 않는다. 하지만 근본적인 관점과 신화적인 상상에서 공통적인 뿌리를 가지고 있다는 것만은 명백하다.

게르만족을 입증할 수 있는 가장 오래된 발견은 덴마크에서 발견된 BC 1400~1200년 사이에 만들어진 것으로 추정되는 트룬트홀름 태양 전차와 같은 고고학적인 발굴이다. 후에 스칸디나비아의 비석화와 루네 문자[1]가 쓰인 비석이 추가됐다. 하지만 게르만족과 그들의 일상, 신앙에 관한 최초의 문자 정보는 로마의 저술에서 찾을 수 있다. 갈리아 전쟁에 관한 카이사르(BC 100~44)의 책들과 학자 타키투스(Tacitus, AD 55?~120?)의 《연대기》가 인상 깊은 묘사를 제공한다.

1075년에 아담 폰 브레멘(Adam von Bremen)이 집필한 《선교보고서》는 스칸디나비아에 관한 지식을 보충하고 있다. 그것은 고대 북쪽의 이야기 《구 에다 舊*Edda*》[2]에 의해서 완성되었다. 《구 에다》는 신들과 영웅들의 사가로 이루어진 노래모음집이다. 소위 말하는 《레기우스 사본 *Codex Regius*》의 대부분은 13세기에 저술된 듯하며, 바이킹 시대에 유래된 30편의 시와 노래 단편으로 이루어져 있다.

게르만 신화에 관해 가장 중요한 내용을 담고 있는 것은 《신 에다 新*Edda*》이다. 1220년에 스노리 스툴루손(Snorri Sturlusson)이 쓴 산문으로 원래 교과서였다고 한다. 학자이자 정치가였던 집필자 스노리는 1197년에서 1241년까지 아이슬란드에서 살았다.

> **!** **게르만 신화의 증언**
>
> 게르만 신화의 계속되는 증언은 10세기의 고대 노르드어로 된 《메르제부르크의 마법》, 아이슬란드의 《신들과 영웅의 노래》, 8세기와 9세기의 다양한 《가족 사가》, 《에길의 사가》와 아이슬란드에서 유래된 《뵐숭가의 사가》와 더불어 13세기의 궁정문학작품인 《지크프리트 사가》와 《니벨룽겐의 노래》 등에서 계속된다.

2. 게르만 종교의 특징

비록 모두에게 공통적인 '게르만 종교'가 없었다고는 하지만 지역적인 특성과 그로 인한 다양한 의식과 관습은 분명히 존재했다. 또한 종족에 관계없이 많은 신에 대한 사람들의 믿음은 공통적이었다. 인간들의 상상으로는 막강한 신만을 가지고 모든 자연현상과 다른 비밀스러운 것들을 설명하기에는 충분하지 않았다. 불분명한 신들의 계보, 영혼, 요괴, 용, 난쟁이와 거인들은 종족의 믿음에 대한 상상을 규정한다.

그리스인들의 팔을 백 개나 가진 괴물 사이클로포스나 티탄들과 비교할 수 있는 게르만족의 가장 오래된 괴물로는 거인이 있다. 올림포스의 신들과 대립하는 티탄들처럼 거인들은 전쟁을 선호하는 신들의 가족인 아사신족과 대립한다. 아사신족의 적수는 바나신족이다. 바나신족은 평화로운 신들이며 모계법에 따른 농경을 선호한다. 깊은 땅속에는 숙련된 일꾼인 난쟁이들이 거주하며 그들은 신과 인간에게 대부분 호의적이다. 바다와 하천에는 동화 속에 자주 등장하는 인어들이 살고 있다.

1) 인간화된 신들

근본적으로 고대 북부에서 전해 내려오는 다양한 형상의 신들의 무리는 외모와 특징에서 인간들과 비슷하다. 황폐한 환경 속에 사는 주민들의 개인적인 경험이 신들의 전설적인 삶의 공간을 만든다. 게르만의 신들은 세상과 인간을 지배하고 대부분 영웅적인 모험에 몰두한다. 그들은 그들끼리, 또는 다른 초자연적인 존재들과 끊임없이 충돌한다. 하지만 고귀한 신들의 관할소가 그들에게 시간을 준다면 그들은 땅 위의 인간들처럼 일상의 생활을 영위할 것이다. 그들은 원탁의 모임에 함께 앉아 있기를 좋아하며 신으로 존재하는 편안함을 누린다. 그렇기 때문에 진수성찬이 펼쳐진 연회를 좋아하고, 사냥과 승마를 즐기며, 빠른 말과 맛 좋은 맥주 그리고 판놀이를 사랑한다. 신들의 '일상'은 총체적으로 그 당시 게르만 귀족들이 살아온 삶을 연상시킨다.

2) 운명

신들은 물론 막강하지만 완전하지는 않다. 모든 다른 피조물들과 마찬가지로 그들도 운명에 예속되어 있다. 태고의 원칙에 따라 삶과 죽음을 결정하는 포괄적이고 지속적인 힘이 신들에게 영향을 준다. 이러한 최고의 권력은 신이나 인간들이 만들어지기 전부터 존재해왔다.

모든 피조물들은 그리스의 모이라(Moira, 운명의 여신)처럼 노른

모이라들은 같이 행동하며 늘 누군가의 운명의 실을 잣는다.

(Norn), 즉 세 명의 운명의 여신인 우르드(과거), 둘째 언니 베르단디(현재), 막내 스쿨드(미래)의 지배 아래에 놓여 있다. 노른은 우주수(宇宙樹) 위그드라실의 뿌리 끝에 있는 샘에서 멀지 않은 곳에 살며 인간들에게 행운을 가져다주기도 하지만 불행을 가져다주기도 한다.

3) 성직자의 직위와 제식

오늘날 유럽의 서쪽 변두리에 있는 켈트족의 드루이드(Druid) 사제와 같은 독창적인 성직자 신분이 게르만족에는 존재하지 않았다. 공식적인 제식에서 가장 높은 성직자는 최고의 행정관이거나 왕 자신이었다. 최고의 성직자는 제물로 바쳐지는 동물의 의례적인 살육을 수행하며 그 다음 연회를 개최한다. 살육한 동물들의 피는 신들에게 봉납되며 나뭇가지를 이용하여 참여한 사람들에게 동물의 피를 뿌린다. 제물을 바치는 의식이 신전에서 거행되고 사람들은 신전의 내부와 외벽에 동물의 피를 바른다. 남은 것은 제단화 위에 붓는다. 이어지는 축제 음식은 신들에게는 동물

오딘과 **토르**, 프레이아

들의 머리와 피부, 뼈를 제물로 바치고 먹을 수 있는 부위는 공동체가 먹는다. 이어서 의례적으로 원을 그리며 맥주를 마시는 비어호른(Bierhorn)의 의식이 이어진다.

비어호른

게르만의 제식에서 가장 중요한 제물을 바치는 시기는 가을, 한겨울 그리고 여름이다. 풍요의 여신과 출산을 도와주는 조산원들(Disen)을 경배하기 위하여 10월 15일에 열리는 조산원들을 위한 제물봉납이 거대한 연회와 결합되었다. 스웨덴과 노르웨이에서 증거를 찾아볼 수 있는데, 오래된 스웨덴의 왕궁과 언덕묘가 있는 성전을 가진 웁살라(Uppsala)에서 9년마다 화려한 제물축제가 개최되었다.

제식행위는 일반적으로 야외에서 개최된다. 신성한 구역은 울타리를 친 조그마한 숲일 수도 있으며, 몇 그루의 나무나 기둥일 수도 있다. 하지만 사람들은 신전에서도 막강한 신들을 경배하였다. 가장 의미가 깊은 신전은 웁살라에 세워졌으며, 아담 폰 브레멘에 따르면 여기에서 비와 태양의 신 프레이르(Freyr)를 숭배하였다고 한다. 신들의 모습을 그린 그림은 제식행위와 연관이 있었다. 하지만 신들을 위한 봉사는 사람들에게 친숙한 영역에서 개최되기도 했다.

4) 지하세계

게르만족의 신앙에는 죽음 이후의 삶이 포함되어 있다. 그것과 연관된 상상은 물론 그다지 즐거운 것은 아니다. 죽은 이들의 그림자는 지하세계에서 안락하게 거주한다. 헬(Hel)은 엄격한 재판관으로 죽은 이의 선과 악을 나눈다. 큰 죄를 지은 사람들과 범죄자들에게는 죽음 뒤에 끔찍한 운명이 기다리고 있다. 여신은 추위, 안개 그리고 어둠이 지배하는 그들의 제국 니플헤임(Niflheim)의 밑바닥으로 모든 이들을 보낸다. 그들은 잔인한 고통을 겪으면서 자신들이 살아 있는 동안 저지른 나쁜 짓을 속죄해야만 한다.

그리스의 하데스의 옆에는 케르베로스가 있는 것처럼 헬의 제국 앞에는 어마어마한 크기의 잔인한 개가 죽은 이들을 숨어서 기다리고 있다. 기독교의 면죄부가 유일하게 커다란 성과를 거둔 곳이 게르만이라는 사실은 이런 일들을 알고 보면 그리 놀라운 얘기가 아니다.

3. 삶의 원천

세계 창조에 관한 신화는 근본적으로 스칸디나비아 북쪽에서 유래한다. 게르만 신화에 따르면 세계는 이미르(Ymir)라고 불리는 거대한 원시 존재의 몸의 일부에서 생성되었다.

처음에는 추위와 더위가 있었다. 세상의 북쪽에는 추위와 안개가 있는 춥고 어두운 니플헤임이 있었고, 세상의 남쪽에는 밝고 뜨거운 불의 나라인 불타오르는 불꽃의 바다가 있었다. 그들 사이에는 단지 크게 벌어진 협곡 긴눙가가프(Ginnungagap, 거대한 기공)만이 있을 뿐이었다. 전설에 따르면 긴눙가가프 안의 거대한 무에서 생명체가 시작됐다고 한다. 천천히 눈이 녹기 시작한다. 추위에 의해 형태를 유지하고 열에 의해서 생명체를 깨운다. 이상한 존재, 추위의 거인 이미르가 만들어졌다. 신화에 따르면 이와 같이 거대한 거인은 다시는 존재하지 않았다고 한다.

"원시시대는 이미르가 거주하던 곳이다. 모래도 호수도 소금바다도 없었으며 아래에는 땅도 없고 위에는 하늘도 없으며 바닥도 없으며 그 어디에도 풀도 없다."
(에다, 뵐루스파3: 1000년경에 쓰인 서사시로 우주 창조에 대한 이야기를 들려준다.)

녹아내리는 얼음의 물방울은 또 따른 존재를 형성한다. 유선과 뿔이 있는 거대한 젖소가 태어났다. 그것은 아우둠물라(Audhumla)라고 하며 풍부한 젖을 가지고 있었다. 아우둠물라의 엄청난 젖꼭지에서 흘러나오는 젖은 거인 이미르의 음식이 되었다. 땅에는 여전히 풀이 자라나지 않

아우둠물라의 젖을 먹는 이미르

앉기 때문에 젖소 아우둠물라는 짠 얼음덩어리를 핥아 먹었다.

그때 뭔가 이상한 일이 일어난다. 아우둠물라가 얼음덩어리를 핥아대자 얼음덩이 안에서 갑자기 인간의 머리카락이 나왔다. 다음 날에는 얼굴을 가진 머리가 나타났고 세 번째 날에는 인간의 몸뚱이가 모두 나타났다. 부리(Buri)라고 불린 그 인간은 아름다운 외모로 고귀하게 성장하였다. 부리는 후에 아사신족이라고 불리는 신들의 기원이 되었다.

거인 이미르가 잠을 잘 때 그의 왼쪽 팔 아래에서 남자와 여자가 태어났다. 이미르의 발들도 팔에 지고 싶어 하지 않았다. 그들은 쌍을 이루게 되고 머리가 6개 달린 아들이 태어난다. 그로 인해 트롤(troll)[3]과 거인이 태어나게 되는데 이들은 흐림투르젠(Hrimthursen, 서리 거인) 종족의 기원이 된다.

다양한 피조물들이 서로 평화롭게 살기 위해서는 오랜 시간이 흘러야만 했다. 왜냐하면 그들은 서로 수많은 아이들을 낳았기 때문이다. 후에 모든 신들의 수장이 된 오딘(Odin)은 거인의 딸 베스트라(Bestla)와 부리의 아들 보르(Bur) 사이에서 태어났다.

하지만 어느 날 오딘과 그의 형제 빌리(Vili)와 베(Ve)가 이미르와 그의 종족에 대항하여 봉기한다. 힘겨운 전투 끝에 결국 오딘과 그의 형제들이 승리를 거둔다. 그들은 이미르를 죽이고 그의 상처에서 터져 나온 피의 홍수를 아사의 적들에게 쏟아 부었다. 단 두 명을 제외한 모든 거인이 익사한다. 살아남은 두 거인은 안개의 세계로 도망가 그곳에 숨어서 짝을 이룬다. 이들은 후대의 흐림투르젠 종족의 조상이 되었다. 이때 최초의 젖소 아우둠물라도 나락으로 쓸려간 것이 틀림없다. 왜냐하면 어느 누구도 아우둠물라에 대해 다시 들어본 적이 없기 때문이다.

1) 세계의 생성

아사신족은 죽은 이미르를 긴눙가가프 협곡의 중심으로 끌고 간다. 그들은 이미르의 시체로 우주를 창조한다. 이미르의 피는 바다와 물이 되고 살은 땅이 된다. 이미르의 머리카락은 나무가 되고 뼈는 산맥을 이룬다. 치아와 볼 그리고 부러진 다리로 암석과 절벽을 만들었다. 이미르의 눈썹으로 인간 세계의 집 미드가르드(Midgard, 인류가 사는 세계)가 생성된다. 이미르의 두개골로 네 개의 모서리가 있는 땅 위의 하늘을 형성한다. 신들은 이 모서리를 지키는 파수꾼으로 아우스트리(동쪽), 베스트리(서쪽), 노르디(북쪽), 수드리(남쪽)라는 난쟁이들을 앉혔다. 신들은 그 이전에 이미르의 몸에서 기어나온 구더기로 난쟁이들을 만들었다. 공기와 구름은 거인들의 뇌에서 튀어나온 것이다.

2) 인간의 창조

어느 날 오딘은 그의 형제인 빌리, 베와 함께 바닷가 해변을 걷다가 육지에서 씻겨 내려온 나뭇가지들을 발견한다. 그들은 나뭇가지들을 집어서 인간의 형상을 만든다. 오딘은 그들에게 생명을 불어넣어서 그들 스스로 숨을 쉬고 살 수 있도록 한다. 빌리는 그들에게 이성과 움직임을 부여한다. 베는 그들에게 용모, 언어, 청력과 얼굴을 준다. 이어서 그들은 따뜻함과 색을 주었다. 그것으로 나뭇가지들은 나무가 아닌 남자와 여자가 된다.

아사신족은 남자에게 아스크(물푸레나무) 그리고 여자에게 엠블라(오리나무)라는 이름을 부여한다. 이 원시인간이 짝을 이뤄 모든 인류의 조상이 된다.

4. 게르만의 세계상

　　세상의 중심에는 인간들이 거주하는 미드가르드(Midgard)가 놓여 있다. 미드가르드는 어마어마한 괴물 미드가르드 뱀이 살고 있는 거대한 대양에 둘러싸여 있다. 하늘에는 아사신족의 거주지 아스가르드(Asgard)가 놓여 있다. 그곳에는 화려한 성들이 세워져 있으며 그 성 안에는 모든 신들이 자신만의 독특한 삶의 영역을 가지고 있다. 아스가르드에는 발할라(Valhalla) 궁전이 있다. 게르만의 저승에 대한 상상에서 그곳은 전쟁에서 전사한 사람들의 집이자 선택받은 사람들의 거주지이다.

　　오딘의 시중을 드는 발키리(Valkyrie)[4]들은 바람같이 빠른 그들의 말에 전사자들을 태우고 아스가르드로 데려온다. 그곳에서 오딘은 그들

발키리 석상

을 영웅으로 맞이한다. 발할라에 그들이 입성한 후에 전사자들은 공포의 전투가 아인헤리아르(Einheriar)가 된다. 그때부터 그들은 신들의 황혼기에 신들을 지지하기 위한 싸움을 준비하게 된다.

아스가르드로 가는 길에는 비프로스트(무지개다리, 흔들리는 다리)가 있는데, 이 다리는 신과 영웅들만이 건널 수 있다. 하지만 신들의 황혼기에 밀려온 불의 거인들에 의해 비프로스트는 부서져버린다. 아스가르드의 가장 막강한 파수꾼은 헤임달(Heimdall)신으로 그는 뿔나팔을 불어서 모든 위험을 알리고 마지막 싸움의 시작, 신들의 황혼을 알린다.

1) 위그드라실(Yggdrasil)
– 우주수

우주를 떠받치고 있다는 위그드라실[5]은 언제나 푸른 나무로 게르만의 가장 성스러운 나무이다. 이와 비슷한 천상의 나무들에 대한 상상은 원시시대에 널리 확산된 나무제식과 연관이 있다.

게르만의 상상에 따르면 물푸레나무의 가지들은 전 세계에 퍼져 있으며 하늘 위 높은 곳까지 다다른다. 거대한 세 줄기의 뿌리가 하늘을 똑바로 받치고 있다. 세 개의 뿌리 중 하나는 지하(地下)의 나라

에다, **토르**

또는 안개의 나라인 니플헤임으로, 또 하나는 인간세계인 미드가르드로, 그리고 마지막 하나는 아사신족의 나라인 아스가르드로 뻗어 있다.

첫 번째 뿌리 밑에는 흐베르겔미르(Hvergelmir) 샘이 있으며 그곳에는 질투의 용 니드회그르(Nidhoeggr)가 밑에서부터 뿌리를 갉아먹고 있다. 미드가르드까지 뻗어 있는 뿌리 옆에는 미미르(Mimir)가 보호하는 지혜의 샘물이 있다. 아사신족의 하늘 아래까지 뻗어 있는 세 번째 뿌리 아래에는 우르드(Urdr)의 신성한 샘물이 있다. 아사신족들이 매일 비프로스트 위로 말을 타고 지나가는 신들의 재판소이다. 운명의 여신인 노른 세 명이 우주수를 보호한다.

생명(삶)의 나무 꼭대기에는 독수리가 앉아 있으며 독수리는 매서운 눈으로 세상을 감시한다. 독수리의 눈 사이에는 비를 내리게 하는 마술사인 베드펠니르(Wedfoelnir)라는 매가 군림하고 있다. 신화에 따르면 라타토스카라는 다람쥐는 독수리와 매 사이를 이리저리 재빨리 움직이면서 나머지 거주자들 특히 용과 독수리에게 그 둘이 서로에 대해 하는 말을 전달한다. 세상의 불화와 적대행위에 대한 표상으로써의 다람쥐는 둘 사이의 싸움을 붙인다. 그와 더불어 수많은 다른 동물들도 생명의 나무 주위로 모인다. 염소 하이드룬(Heidrun)은 물푸레나무의 나뭇가지에서 살고 그들의 우유는 전쟁의 신 오딘이 섭취한다. 네 마리의 노루는 이리저리 뛰어다니며 나무의 눈을 먹는다. 노루의 이름은 드바인(Dwain), 드발린(Dwalin), 둔네이르(Dunneir), 두라트로로(Durathror)라고 한다.

"그리고 수많은 뱀들이 니드회그르 옆에 있는 흐베르겔미르 샘에 있다. 그들의 혀는 다 셀 수가 없을 정도이다."(에다, 길피 왕의 속임수). 또한 백조 두 마리는 우르드의 샘으로부터 영양을 섭취한다.

2) 신들의 황혼

끔찍한 결과를 초래하는 세계 멸망에 대한 상상은 게르만 신화에서
확고한 위치를 차지하고 있다. 이러한 상상에서는 신들의 종족에게 어
떠한 행운이나 영원한 삶을 부여하지도 않는다. 세계 멸망에 대한 원천
을 알 수 있는 것은 《에다》에 포함된 제1곡 환상적인 작품 《뵐루스파
Voeluspa》[6]이다.

이 드라마는 여러 가지 불길한 징후를 통해서 세계의 멸망을 예고한
다. 언제나 푸른 위그드라실이 시들고 땅이 진동하기 시작하며 태양이
어두워진다. 하지만 무엇보다 태양과 빛의 신이자 선의 화신인 발드르
(Baldr)의 암살이 결정적인 예시가 된다. 그의 죽음은 세상의 멸망을 표
시한다. 혹독한 겨울 핌불베트르(Fimbulbetr, 빙하기)가 시작된다. 3년
동안 얼음 같은 추위가 세상을 지배하며 모든 것을 황폐하게 만든다.

헤임달이 뿔나팔을 불자 신들과 적들 간에 치열한 전투가 시작된다.
동시다발적으로 나타난 적들이 삼면에서 신들의 산을 공격한다. 동쪽에
서는 막강한 추위의 거인이 조종하는 불행을 가져다주는 죽은 이들의
손톱으로 만든 배 나그파르(Nagfar)가 거인들을 태우고 접근한다. 교활
한 불의 신 로키(Loki)는 두 번째 선박 위에서 남쪽으로부터 불의 거인
들을 인솔해 왔다. 그 배의 가장 높은 곳에는 무스펠헤임(Muspelheim)[7]
에서 온 원시거인 수르트(Surt)가 서 있다. 헬은 북쪽에서 그녀의 배를

타고 온다. 불의 거인들의 수장으로서 수르트는 비프로스트를 통과한다. 신들의 거주지 아스가르드를 정복하고 비프로스트를 부숴버리자 하늘이 갈라진다.

아사신족과 아인헤리아르 전투가들은 최후의 싸움에서 최선을 다한다. 신의 아버지 오딘은 땅에서부터 하늘까지 복수를 꾀하는 무시무시한 펜리스 늑대(Fenris wolf)[8]와 대적한다. 하지만 기회는 주어지지 않는다. 괴물은 신을 잡아먹어 버린다. 토르(Thor)는 미드가르드 뱀에 대항해 싸운다. 그는 망치로 뱀의 머리를 으깨지만 그로 인해 바닥으로 가라앉게 되며 결국 뱀의 독 때문에 죽게 된다. 연이어 모든 신들이 죽는다. 수르트는 지구에 불을 붙인다. 불타오르는 불꽃으로 예전에 존재했던 모든 것이 사라진다. 하늘, 땅, 바다, 거인, 그리고 신들까지도.

> **❗ 황금시대의 시작**
>
> 그럼에도 불구하고 신들의 황혼은 영원한 끝을 의미하지 않았다. 게르만족의 상상에 따르면 오랜 시간이 지난 후에 세상은 새롭게 창조된다. 사라진 신들 중 선한 신 발드르가 다시 돌아와서 하늘과 땅의 모든 거주자들이 조화롭게 함께 살게 된다. 이것이 황금시대의 시작이다.

3) 게르만 신들의 세계

게르만족은 두 갈래의 신의 종족을 숭배한다. 아스가르드 산에 살고 있는 아사신족은 인간들처럼 시간에 예속되어 있으며 인간처럼 늙는다. 그렇기 때문에 그들은 젊음을 유지하기 위해서 젊음의 여신 이둔(Idun)[9]의 사과를 먹어야만 했다. 원래 아사신족들은 죽은 사람들의 영혼인 공기의 혼령들이었다. 죽은 무리를 인솔하는 오딘을 숭배하는 사람들이 많아지면서 아사신족은 지배적인 신의 종족이 된다.

두 번째 신의 종족인 바나신족은 나이가 많고 규모가 적은 풍요의 신들이다. 농부, 선원 그리고 어부들의 수호신이며 네르투스(Nerthus) 여신으로부터 유래한다. 나이가 많은 신들은 전투적인 아사신족에게 밀려난 스칸디나비아의 신들이며 평화를 사랑하는 자연영혼들이다. 들판과 농작의 관리를 담당했다. 평화적인 바나신족은 인간들에게 많은 사랑을 받았다. 바나신족이 살던 바넨하임(Vanenheim)은 땅속 깊은 곳과 바닷속 깊은 곳에 위치하고 있다.

바나신족의 마법사 굴베이그(Gullveig)를 통해서 아사신족은 바나신족들이 소유하고 있는 값진 보물에 대해 알게 된다. 부에 대한 욕심은 결국 바나신족에 맞서 전쟁을 일으키게 하지만 두 신족은 전쟁을 멈추고 평화협정을 맺기로 한다. 영원한 평화의 협정에 대한 조건으로 두 신족은 가족들의 평등한 권리를 확고히 하게 한다. 그를 위해 두 신족들 간에 인질들을 교환한다. 바나신족은 아사신족에게 프레이르(Freyr), 프레이야(Freyja) 그리고 뇨르드(Njoerd)와 더불어 난쟁이 크바시르(Kvasir)를 넘겨준다. 반면에 아사신족은 호니르(Hoenir)와 미미르(Mimir)를 바나신족에게 넘겨준다.

? 알고 넘어가기

평화협정 이후 오딘은 아사신족 최고의 신으로 간주되었다. 하지만 바나신족들은 뛰어난 용모를 하고 있었고, 많은 이들이 그들이 가진 마법의 힘 앞에 경외심을 느꼈다. 일반적으로 바나신족들은 아사신족들보다 더 현명하다고 여겨진다.

아사신족

5. 아사신족 – 오딘(Ase Odin)의 일족

가장 중요한 열두 명의 아사신들은 하늘의 산 아스가르드에서 살고 있으며 그들은 모두 화려한 성을 소유하고 있다. 그들 옆에는 수많은 다른 아사종족들이 있었다.

1) 오딘(Odin) – 아사 최초의 신

오딘은 신들과 인간들의 영주이며 또한 만물의 아버지이기도 하다. 오딘은 원시거인 보르와 베스트라의 아들이며 빛을 발하는 아스가르드의 고도에 왕좌를 차지하고 있었다.

오딘의 어깨에는 까마귀 후긴(Hugin, 생각)과 무닌(Munin, 기억)이 앉아 있다. 두 마리의 까마귀는 땅에서 일어나고 있는 모든 일들을 오딘에게 속삭인다. 오딘의 발 아래에는 전쟁터에서 신의 안내자 역할을 하고 있는 두 마리의 거대한 늑대 프레키(Freki)와 게리(Geri)가 누워 있다. 오딘은 아내 프리그(Frigg)와 함께 발드르(Baldr), 호드르(Hodr) 그리고 헤르몬(Hermon)을 낳는다.

슬레이프니르를 탄 오딘

오딘은 다양한 성격의 특징을 가지며 수많은 임무를 맡고 있다. 그는 하늘의 신, 전쟁의 신, 죽음의 신이다. 또한 지혜의 신으로도 간주되지만 마법과 황홀경(Ekstase)의 신이기도 하다. 오딘은 가장 오래된 게르만 글자 루네를 창조했다고 한다.

신화에 따르면 오딘이 만물의 아버지가 될 수 있었던 것은 미미르가 지키는 지혜의 샘물을 한 모금 마셨기 때문이라고 한다. 물론 그에 대한 대가로 한쪽 눈을 제물로 바치고 애꾸눈이 되어야만 했다. 오딘이 가진 많은 권력들은 그가 최초로 한 쌍의 인간들을 만들 수 있게 했다.

오딘이 가진 끊임없이 증가하는 부는 황금 반지 드루프니르(Drupnir) 덕분이다. 싸움에서는 창 궁니르(Gungnir)의 도움을 받는다. 오딘은 파란 외투를 입고 투구를 쓰며 다리가 8개인 마법의 말 슬레이프니르(Sleipnir)를 소유하고 있다. 오딘은 싸움의 여신인 발키리들의 시중을 받는데 발키리는 처녀이며 전투에서 전사한 이들을 발할라로 데리고 와서 그들에게 새로운 생명을 불어넣어 준다. 그리고 전사한 이들은 아인헤리아르가 되어 신들의 황혼, 마지막 전투를 위해 매일 무장하고 있었다.

오딘은 까마귀나 뱀으로 변신하기를 즐겼으며 변덕이 심했다. 그는 사람들에게 도움을 주고 호의적이지만 또한 잔인하고 화도 잘 냈다. 신은 세상을 돌아다니면서 자기 부하들을 방문하고 그들이 손님을 잘 접대하는지를 확인한다. 그리스신들의 아버지 제우스처럼 오딘도 종족의 아버지로서 모든 왕과 영웅들의 특별한 수호신으로 여겨졌다.

프레이야와 헤임달

2) 프레이야(Freyja)
– 아사신족 최고의 여신

바다의 신 뇨르드와 거인 스카디(Skadi)의 딸로서 프레이야(프리그)는 바나신족에 속한다. 바나신족과 아사신족의 전쟁 후에 프레이야는 그녀의 아버지와 형제와 함께 아사신족에게 인질로 넘겨진다. 그 이후 만물의 아버지 오딘의 아내가 된다. 프레이야는 북유럽 신화에서 가장 중요한 여신이다.

남편 오딘과 함께 프레이야는 신들의 홀에 있는 고위관직자리에 군림한다. 프레이야는 여행을 할 때에 고양이무리가 끄는 마차를 타고 다니며, 사랑, 결혼 그리고 풍요의 여신으로서 여성들에게 특히 많은 사랑을 받았다. 하지만 싸움의 여신인 발키리의 수장으로서 폴크방(Folkvang)에 주둔하는 최고의 여신이기도 하며 전쟁의 행렬도 지휘한다.

마법의 선생이기도 한 프레이야는 아사들에게 그녀의 마법 세이드르

(Seidr)를 가르친다. 마법의 매옷을 입은 프레이야는 언제든지 새로 변신할 수 있었다. 게다가 수많은 연인들 중의 한 사람을 산돼지로 변신시키기도 했다.

프레이야의 상징은 고귀한 목걸이 브리싱가멘(Brisingamen)이다. 남편 오딘의 반대에도 불구하고 프레이야는 난쟁이들과 나흘 밤을 보내고 이 목걸이를 얻어내었다.

3) 발드르(Baldr) - 빛과 봄의 신

오딘과 프레이야의 아들 발드르는 신화 속에서 선의 화신이다. 그는 빛과 순수, 진실, 미 그리고 정의의 신이다. 또 봄의 신이기도 하며 자신의 운명으로 인해 죽음을 맞는 신이고, 다시 부활하는 신이기도 하다. 모든 부당함에 대한 적으로써 '빛을 발하는 신'이라는 별명을 가진다.

발드르는 결혼한 나나(Nanna)와의 사이에서 재판의 신 포르세티(Forseti)를 낳는다. 포르세티는 평화로운 구역 브레이다블릭(Breidablick)에 살고 있다. 발드르는 모든 신들 중 가장 온화한 신으로 꼽히고, 젊고 아름다운 미모와 긴 금발머리를 가지고 있어 가장 아름다운 신에 속한다.

하지만 자신의 삶을 위협하는 예지몽이 그를 괴롭힌다. 예언가는 오딘에게 발드르가 자신의 형제 호드르에 의해 살해될 것이라고 예언한다. 프레이야는 그것을 막기 위해서 모든 피조물인 생명체, 즉 모든 식물과 모든 돌에게 그의 아들에게 어떠한 고통도 주지 않겠다는 약속을 받아낸다. 하지만 프레이야는 그때 작은 겨우살이식물을 빠뜨리고 말았다.

집회를 하는 동안 아사들은 장난삼아 발드르가 상처를 입을지 어떨지를 시험하기 위해서 화살로 그를 쏜다. 고약한 신 로키는 프레이야와

신들의 이름이 적힌 석판

약속을 하지 않은 겨우살이 식물을 찾아내고 겨우살이 식물로 만든 활을 호드르에게 넘겨준다. 프레이야와 오딘의 눈먼 아들 호드르는 아무것도 모른 채 겨우살이식물로 활을 쏘아 발드르를 죽이고 만다. 그 일로 인해 신들의 황혼이 시작된다.

신화에 따르면 발드르와 그의 형제는 세상의 몰락 이후에 다시 돌아와서 모든 것과 화해를 하고 새로운 평화로운 세상을 건설하고 지배하게 된다.

4) 나나(Nanna) – 어머니 신이자 식물들의 여신

열매의 여신이자 식물의 여신 나나는 아사신족에 속하지는 않지만 발드르와 결혼했다. 발드르가 형제인 호드르에 의해 숨을 거두자 슬픔을 못 이긴 나나는 화장용 장작더미 위에 놓인 발드르의 옆에 누워서 함께 화장된다. 나나의 시체는 발드르의 옆에 놓여 흐링호르니(Hringhorni) 배 위에서 매장된다.

5) 포르세티(Forseti) – 정의의 신

발드르와 나나의 아들 포르세티는 정의와 법의 신이다. 그리고 인민

집회의 의장이기도 하며 바람과 어획의 신이기도 하다. 포르세티는 글라스트하임(Glastheim)에 살면서 황금과 은으로 빛을 발하는 홀에 거주한다. 여기서 그는 재판을 관할하며 분쟁을 조정한다. 포르세티는 신들 중에서 가장 이성적인 신으로 간주되지만 평화를 원하지 않은 이들을 직접 처단하기도 한다.

6) 티르(Tyr) - 전쟁의 신

아사신족 중 가장 중요한 신 중에는 전쟁의 신 티르가 포함된다. 거인 히미르(Hymir)와 이름 없는 거인 사이에서 태어난 티르는 매우 용감하다고 한다. 창을 무기로 사용하는 티르는 광포하지 않고 존경할만한 전투가이다. 티르는 펜리스 늑대를 사슬로 매어 잡을 때 자신의 오른쪽 손을 잃게 되는데 그 일은 티르의 가장 위대한 영웅적 행위로 꼽힌다. 신들의 황혼기 동안에 티르는 지옥의 개 가름(Garm)을 죽이지만 그때 입은 상처의 출혈 때문에 결국 죽음을 맞게 된다.

7) 토르(Thor) - 천둥의 신

토르 또는 도나르라고 불리는 오딘과 요르드의 아들은 인간들을 거인과 악마로부터 보호한다. 토르는 마법의 망치 묠니르로 모든 것을 으깰 수 있었는데, 토르가 가진 기적의 무기는 난쟁이 신드리(Sindri)

토르 석상

토르

시프

와 보크르(Bokkr)가 강철로 세공을 한 것이었다. 마법의 망치 묠니르는 절대로 겨냥한 상대를 놓치지 않았으며 항상 토르의 손으로 다시 되돌아왔다. 토르는 최고의 적수 미드가르드 뱀을 여러 번 죽이려고 하지만 실패를 거듭하다가 신들의 황혼기에 비로소 뱀을 죽이게 된다. 하지만 뱀의 독으로 인해 자신도 목숨을 잃는다.

토르는 수호신일 뿐만 아니라 날씨, 천둥, 뇌우 그리고 풍요의 신이기도 하다. 그는 아스가르드에 있는 트루드방가르(Thrud vangar)에서 살고 있으며 식물성장의 여신 시프(Sif)와 결혼했다. 두 사람 사이에서 태어난 아이들은 트루드(Thrudr)와 로리데(Lorride)이다. 곰처럼 강한 토르는 항상 거인들과 분쟁에 놓이는데 그들 중 게이로드, 흐룽그니르, 히미르(Hymir), 스키르니르, 트리발디, 티아시와 트리미르 등 많은 거인들을 물리친다.

? 알고 넘어가기

막강한 토르를 가장 숭배한 사람들은 농부들이었다. 토르를 위한 제식은 아이슬란드와 노르웨이에서 널리 확산되었으며, 여기에서는 오히려 오딘이 종속적인 역할을 했다.

8) 시프(Sif) – 풍요의 여신

토르의 아내이자 겨울의 신 울르(Ullr)의 어머니인 시프는 식물성장과 이삭이 여문 황금밭의 여신이다. 시프는 매우 아름다운 여신으로 특히 긴 금발머리가 그녀의 남편 토르를 매혹시켰다. 어느 날 음흉한 로키가 이 머리를 잘라버리자 토르는 격분하게 된다. 그에 대한 사과로 로키는 시프를 위해 새로운 아름다운 황금머리를 난쟁이들에게 만들도록 한다. 여신 시프의 화려한 황금머리는 풍성한 곡식과 들판의 풍요로움을 상징한다.

9) 스카디(Skadi)
– 철과 사냥의 여신

거인 스카디는 산의 여신이며 사냥, 눈 그리고 철의 여신이다. 스카디는 거인 티아시(Thiass)의 딸이며 바다의 신 뇨르드와 결혼했다. 두 신의 결혼 생활은 그렇게 원만하지 않았으며 대립이 너무 강했다. 스카

스카디

디는 산을 뛰어다니며 사냥하기를 즐겼고, 노르드는 바다와 항해를 사랑했다. 그들은 각각 아홉 밤을 상대가 가장 좋아하는 곳에서 지내기로 합의하지만 이 해결 방안은 그리 오래 지속되지 못한다. 결국 그들은 헤어지고 스카디는 겨울의 신 울르와 결혼한다.

10) 울르(Ullr) - 겨울의 신

시프의 아들이자 토르의 양자(그의 아버지는 얼음 거인이었다고 한다)인 울르는 뛰어난 궁수이자 스키를 타는 신이었다고 한다. 울르는 겨울, 사냥, 양궁 그리고 스키의 신이다. 또한 목초지의 신이며 결투의 수호신이기도 하다.

울르는 산과 사냥의 여신 스카디와 결혼하고 이달리르(Ydalir, 아스가르드에 있는 울르의 궁전)에 살았다. 울르는 한 때는 죽음의 신으로 여겨지기도 했는데, 울르가 가장 편안함을 느낄 때는 얼음과 추위가 지배하는 겨울이라고 한다.

11) 이둔(Idun) - 영원한 젊음의 여신

난쟁이 이발디(Ivaldi)의 딸인 이둔은 시의 신 브라기(Bragi)의 아내이다. 이둔은 황금사과가 있는 서쪽에 위치한 사과나라를 보호한다. 아사 신족은 신들의 황혼기까지 젊음을 유지하기 위해서 젊음의 사과를 먹어야했다. 그렇지 않으면 빨리 늙어버리기 때문이다.

어느 날 거인 티아시가 영원한 젊음의 여신 이둔을 납치했다. 위대한 신들은 사과를 먹지 못하자 금방 늙기 시작했다. 로키의 음모가 얽혀 있는 것이 분명했다. 모두들 이둔(Idhun, Iduna)이 다시 사과를 만들어낼 수 있도록 하라고 로키에게 강요했다. 신들은 로키에게 이둔을 거인 티아시의 손아귀에서 벗어나게 하지 못하면 죽게 될 거라고 협박한다. 로키는 프레이야로부터 마법의 매옷을 빌려 입고 요툰하임[10]으로 날아간다.

로키가 티아시의 동굴에 도착한 것은 티아시가 그의 동굴에서 배를 저어 나간 직후였다. 그래서 로키는 이둔을 땅

황금 사과나무를 보호하는 헤스페리데스

콩으로 변신시켜서 매옷의 주머니에 집어넣고 아스가르드로 데리고 간다. 이둔이 사라진 것을 눈치 챈 티아시는 독수리가 되어 그 둘을 추격한다. 아스가르드에서는 아사신족이 티아시를 맞을 준비를 하고 있었다. 그들은 로키와 이둔이 도착한 다음 대팻밥을 산에다 뿌리고 불을 질렀다. 불꽃은 독수리의 날개로 번졌고 독수리는 아래로 떨어진다. 이둔의 사과로 아스가르드에는 다시 젊음이 돌아왔다. 이둔은 봄과 풍요의 여신이기도 하다.

? 알고 넘어가기

그리스 신화에서도 이둔의 사과정원과 비슷한 헤스페리데스의 정원을 볼 수 있다. 켈트족들이 가지고 있는 낙원의 땅 아발론(Avalon)도 같은 맥락에 해당한다.

12) 뇨르드(Njord) – 바다의 신

바다의 신이자 선원과 어부의 수호신 뇨르드는 아사신족과 바나신족의 전쟁 이후에 프레이야, 프레이와 함께 아사신족에게 인질로 넘겨졌다가 신들의 황혼기에 다시 바나신족으로 돌아오게 된다.

란(Ran)과 함께 수많은 딸(파도)을 낳은 광포한 바다의 신 아에기르(Aegir)와 친절한 신 뇨르드는 굉장히 대조적이다. 아에기르는 유명한 아에기르 투구를 쓰고 있는데 그 투구는 그를 보는 모든 사람들을 돌로 변하게 하였다.

아에기르와 아주 다른 뇨르드는 배의 도시 노아툼 궁전에서 살고 있다. 뇨르드는 평온한 바다와 좋은 날씨를 구현하고 백조와 바다표범을 사랑한다. 풍요의 신으로서 수확을 저장하기도 한다. 눈과 얼음의 여신 스카디와의 결혼은 그렇게 행복하지 않았다. 스카디는 산에서 사는 삶을 좋아했고 뇨르드는 물을 사랑했기 때문이다.

13) 헤임달(Heimdall) – 신들의 파수꾼

'밝은 빛을 발하는 이' 헤임달은 자신의 성 히민뵈르그(Himinbjoerg)에서 무지개다리 비프로스트를 지킨다. 헤임달은 그곳에서 일어나는 모든 일을 지켜보기 때문에 어떠한 것도 헤임달의 예리한 시선을 피할 수 없다. 헤임달을 분노하게 만드는 적은 로키였다. 로키가 난쟁이들이 완성한 아내의 유명한 목걸이 브리싱가멘(불꽃의 목걸이)을 빼앗아가자 격분한 헤임달은 로키와 결전을 벌인 후 목걸이를 다시 찾아온다. 헤임달의 뿔 그잘라르호른(Gjallarhorn)은 신들의 황혼을 통보하게 되며 우주수 위그드라실의 뿌리 아래에 놓여 있다.

헤임달의 아버지는 오딘이고 모두 아홉 명의 어머니가 있는데 그들은 모두 아에기르의 딸들이다. 박학다식한 하늘의 신으로 숭배되는 헤임달은 종종 백양궁신으로 표현되며 자비롭고 부드럽고 온화한 신이다.

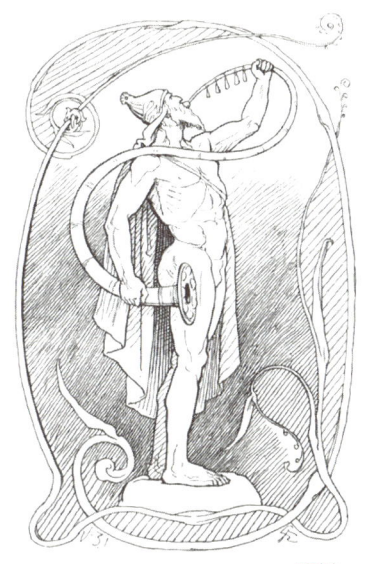

해임달

14) 로키(Loki) - 악과 불의 신

로키는 불의 신이며 거인 파르바우티(Farbauti)의 아들로 원래는 아사신족이 아니다. 하지만 오딘과의 혈맹을 통해서 아사신족에 받아들여졌다.

로키는 책략이 뛰어나고 교활하며 야비하기도 하고 악의에 넘친다. 자신의 목표를 관철하기 위해서는 독수리, 암말 또는 연어의 모습으로 변신하기도 한다. 그는 신발을 신고 공기와 물을 걸을 수 있으며 어떤 때에는 친구인 것처럼 행동하고 어떤 때에는 다른 신들의 적처럼 행동하기도 한다. 마음이

로키

내키면 신들을 지지하는데, 그것은 신들의 산 아스가르드를 건설할 때 도움을 준 것을 보면 알 수 있다. 하지만 로키는 신들을 배신하기도 했기 때문에 아사신족은 로키를 그다지 좋아하지 않는다.

한번은 로키가 단순한 호기심으로 프레이야의 매옷을 입고 거인 게이로드에게로 날아간다. 게이로드는 3개월 동안이나 로키를 잡아두었다. 거인 게이로드는 로키에게 토르를 게이로드가르드로 데려오라고 요구한다. 그것도 토르의 망치 묠니르와 힘의 허리띠 없이 데리고 와야만 한다는 조건이었다. 로키는 토르를 데리고 왔고, 게이로드는 위험에 처하게 된다. 이때 친절한 거인 그리드(Grid)의 도움으로 게이로드와 그의 딸인 걀프(Gjalp)와 그레이프(Greip)는 살아남을 수 있었다.

더욱 더 고약한 일은 그가 젊은 금발의 호드르를 꾀어 독이 있는 겨우살이식물로 발드르를 쏘게 만들었다는 것이다. 신들은 화가 나서 그를 절벽에다 새겨 버렸다. 황혼의 시기를 맞아 풀려난 악의 신은 싸움에서 나쁜 세력을 인솔했다.

로키는 시프 여신과 결혼했지만 아내의 신뢰를 진지하게 받아들이지 않았다. 로키는 그의 연인인 거인 앙구르보다(Angurboda)와 함께 괴물 펜리스 늑대, 죽음의 여신 헬 그리고 미드가르드 뱀을 낳는다. 로키는 또 암말로 변신해서 수말 슬레이프니르, 즉 오딘의 말을 세상에 태어나게 한다.

? **알고 넘어가기**

악과 불의 신 로키와 아주 비슷한 인물이 기독교에도 있다. 로키의 특징을 이어받은 기독교는 후에 로키를 루시퍼(Lucifer)와 동격화한다.

15) 발리(Vali) - 자연의 신

자연과 봄의 신 발리는 만물의 아버지 오딘과 땅의 여신 린다(Rinda)의 아들이다. 발리는 예리한 전투가이며 뛰어난 궁수라고 한다. 발리는 하룻밤 차이의 이복동생인 발드르가 살해당한 것에 대해 복수를 꾀하여 자신의 다른 이복형제들이 눈먼 호드르를 죽이게 만든다. 그 이후 발리는 성장한 남자가 된다.

비다르와 발리

발리에게서는 종종 복수의 신을 볼 수 있다. 통상적으로 발리는 활과 함께 묘사되며 자연의 불멸의 힘을 구현한다.

16) 비다르(Vidar) - 숲의 신

오딘과 거인 그리드의 아들이자 자연의 신 비다르는 말이 없는 것으로 유명하다. 비다르의 평화로운 집은 수풀과 높게 자란 잔디로 뒤덮인 초록의 공간이다. 비다르는 언제나 말없이 은둔생활을 했다.

하지만 비다르는 엄청난 힘을 가지고 있으며 그가 가지고 다니는 검과 철로 만든 튼튼한 신발을 상징으로 사용하였다. 신들의 황혼기의 황폐 이후에 비다르는 그의 이복형제 발리와 함께 새로운 세상을 평화롭게 지배한다.

17) 로픈(Lofn) - 사랑의 여신

사랑과 결혼의 여신은 열정적으로 서로의 짝으로 정해진 인간들을 함께 하도록 한다. 게다가 최대의 난관과 저항을 스스로 극복하게 돕는다. 로픈은 이러한 재능을 프레이야에게 전수받았다. 사람들은 로픈을 '위로의 여신'이라고도 부른다.

18) 베와 빌리(Ve와 Vili) - 불의 신과 물의 신

베와 빌리는 오딘(또한 로두르, 헤니르)의 형제들이며 오딘과 함께 최초의 인간의 짝 아스크와 엠블라를 만들었다. 오딘은 이 둘에게 생명을 불어 넣어주었고 베는 청각, 멋진 외모 그리고 언어를 주었으며 빌리는 그들에게 이성과 감정을 주었다.

베는 불의 신이고 풍요의 신이자 모든 인간 공동체의 수호신이다. 빌리는 바다와 물의 신이며 구름의 신이자 백조의 주인이다.

오딘이 오랜 기간 동안 여행을 떠났을 때 한번은 두 신들이 아름다운 프레이야를 그들의 여자로 맞기도 한다. 하지만 만물의 아버지 오딘이 돌아오자 그 기쁨도 곧 사라져 버렸다.

19) 에이르(Eir) - 의학의 여신

치료의 여신의 임무는 신들의 여왕 프레이야에 의해 엄습한 모든 병들을 즉시 치료하는 것이다. 땅 위에서 에이르는 죽을 운명의 여성들에게 치료법을 가르친다. 그리고 그들에게 어떤 약초가 치료에 적합한지 어떻게 상처를 가장 잘 아물게 할 수 있는지를 보여준다. 여름 동안 에이르에게 제물을 바치는 자는 1년 내내 심한 병으로부터 보호를 받았다.

20) 마그니(Magni) – 강함

토르와 거인 야른샥사(Jarnsaxa)의 아들 마그니는 너무 강해서 거만했다. 태어난 지 며칠이 되지 않은 아기가 다친 자신의 아버지 위에 누워 있던 거인 흐룽그리(Hrungrir)의 다리를 높이 들어 올렸다. 고마움의 대가로 나중에 거인의 화려한 말을 얻게 된다.

형제 모디(Modi, 용기)와 함께 마그니는 신들의 황혼기 이후 새로운 세계가 열릴 때 아버지로부터 망치 묠니르를 물려받게 된다.

21) 풀라(Fulla) – 농경의 여신

풀라는 은혜와 부의 기부자이자 농경의 여신으로 간주된다. 풀라의 긴 금발머리는 미와 가득한 낟알의 풍요에 대한 상징이고, 머리카락에 매어진 밴드는 볏단을 상징한다.

풀라는 프레이야 여신의 후계자에 속한다. 풀라는 프레이야의 보물궤짝을 지키고 그녀의 발을 치장하는 일을 담당하고 있다.

22) 헤르모드(Hermod) – 신들의 전령

신들의 전령 헤르모드는 프레이야와 오딘의 아들이며 발드르와 호드르의 형제이다. 시인 브라기(Bragi)와 함께 발할라에 도착하는 아인헤리아르 용사들을 맞이하며 그들을 지도한다.

프레이야의 전령으로서 그는 발이 8개나 되는 오딘의 말 슬레이프니르를 타고 헬의 죽음의 제국으로 간다. 헬에게 살해당한 발드르를 돌려달라고 설득하기 위해서였다. 하지만 그의 노력은 수포로 돌아갔다. 왜냐하면 헬은 모든 만물이 발드르를 위해 애도할 때 그를 보내주겠다고

계르만의 신전터

했기 때문이다.

23) 미미르(Mimir) – 현명한 이

거인은 우주수 위그드라실의 뿌리 옆에 있는 샘을 지킨다. 아사신족은 미미르의 지혜를 높이 평가하였다. 매일 아침 미미르는 그의 뿔로 지혜와 인식의 원천인 샘물을 마신다.

오딘이 위그드라실 나무 가에서 9일 동안의 작업을 통해 루네 문자를 획득한 후에 미미르를 찾아온다. 자신의 눈 한쪽을 주는 조건으로 오딘 신은 거인들로부터 루네 문자를 해석하는 지혜를 얻어낸다. 아사 바나 전쟁의 협상 후에 미미르는 인질이 되어 바나신족에게 넘겨진다. 바나 신족은 미미르의 머리를 베고 그의 머리를 아사신족에게 돌려보낸다.

오딘은 머리에 마법을 걸어 사멸되지 않도록 하며 미미르에게 언어를 사용할 수 있도록 하였다.

6. 바나신족

땅속 깊이 그리고 바닷속 깊은 곳에 사는 바나신족은 전투적으로 행동하는 아사신족에 맞서는 적수이다. 바나신족은 자비와 온화함이 특징이기 때문에 언제나 인간들에게 사랑을 받는다. 바나신 중 뇨르드, 프레이야 그리고 프레이르는 인질로서 아사신족과 함께 살게 된다.

1) 네르투스(Nerthus) - 땅의 여신

네르투스는 게르만의 땅의 여신이자 풍요의 여신이다. 또한 뇨르드의 여동생이자 아내이며 바나신족의 어머니이다. 로마의 역사서술가 타키투스(Tacitus)는 자신의 책 《게르마니아》에서 그녀를 다산의 여신으로 언급한다.

"독일 북부의 일곱 종족들은 …… 대양의 섬 위에 네르투스 여신을 위한 공동의 종족 성전을 가졌다. 그들은 여신이 인간들의 삶에 관여하여 숭배자들을 방문한다고 믿었다. 그들이 신성시하는 여신은 매년 초에 소가 끄는 마차를 타고 돌아다닌다. 그녀는 신성한 숲을 덮개로 감싸고 꽃으로 장식한 마차를 탄다. 단 한 명의 성직자만이 네르투스의 여행에 동행할 수 있었다.

그 다음에는 평화와 평온이 지배했다. 네르투스의 방문을 인정하고 여

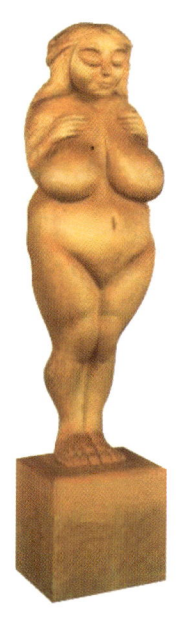

풍요의 여신

신을 손님으로 맞이하는 장소들은 축제처럼 장식됐다. 어느 누구도 전쟁에 나가지 않았으며 무기를 잡을 수도 없었고 가지고 있는 모든 무기들은 숨겨 두었다. 축제 이후에 제식행위에 참가한 사람들은 비밀스러운 호수에 몸을 담근다. 숨겨진 호수에서 신의 목욕재계가 거행된다."

> **! 땅의 여신의 의미**
>
> 타키투스는 제식의 세 가지 구성요소를 공개적으로 밝히고 있다.
> 마차를 타고 여행을 떠나는 네르투스 여신, 여신이 도착한 모든 장소에서 기쁨과 환호가 일고, 여신이 머무는 동안 그곳은 절대적인 평화의 지배를 받는다. 네르투스 여신의 신전과 제식은 뤼겐 섬에서 거행된 것으로 추측된다.

2) 굴베이그(Gullveig) - 황금의 여신

예언자이자 현명한 여인이며 그리고 훌륭한 마법사인 굴베이그(황금제국)는 마법 세이드르를 이해한다. 그 외에 굴베이그는 보물의 수호신이기도 하다.

굴베이그는 어느 날 이유도 모른 채 아사신족에게 넘겨진다. 아사신족은 황금에 대한 갈망으로 여신 굴베이그에게 부의 원천을 알려달라고 요구한다. 비밀 누설을 거절한 굴베이그는 매질을 당하고 난 다음 화형에 처해졌다. 하지만 굴베이그는 재로부터 다시 부활하였으며 아사신족에 의해 추방되었다. 결과는 아사신족과 바나신족의 전쟁으로 이어졌다.

3) 크바시르(Kvasir) – 현명한 이

아사신족과 바나신족이 그들의 끔직한 전쟁을 끝낸 후에 신과 같은 난쟁이들이 생겨났다. 화해의 축제 때에 신들이 침을 섞어 넣은 솥에서 크바시르가 완성된 것이다.

크바시르는 세상을 돌아다니면서 자신을 만나는 모든 이들이 자신의 지혜를 이용하기를 원했다. 크바시르는 거대한 지식 보물을 탐낸 난쟁이 퍄라르(Fjalar)와 갈라(Galar)에 의해 결국 죽임을 당한다. 그들은 크바시르의 피와 꿀을 섞어서 그것으로 오드뢰리르의 술(Met Odroerir)을 양조한다. 그 술을 마시는 자는 현명한 이가 되거나 시인이 되었다.

4) 게피온(Gefion) – 처녀성의 여신

거인신 게피온은 모든 처녀들을 보호하고 그들이 죽은 후에는 자신의 영토로 받아들였다. 게피온은 처녀성의 신이면서 동시에 행복, 풍요, 농경의 여신이며 은총을 베푸는 여신이다. 현명한 여신은 스퀼드와 결혼하고 그와 4명의 거인 아들을 낳았다.

아사신족이 땅을 찾아서 북으로 떠날 때 게피온은 그들보다 앞서 길피(Gylfi) 왕의 제국에 도착한다. 거지로 분장한 게피온은 노래로 왕을 기쁘게 한다. 왕은 게피온에게 노래에 대한 답례로 그녀가 하룻밤 사이에 경작할 수 있는 만큼의 땅을 주겠다고 약속한다. 말이 끝나자마자 게피온은 땅을 갈기 시작했다. 여신은 소로 변한 4명의 거인 아들의 도움을 받아 하룻밤 만에 제란트 섬 전체를 갈아 버린다.

게피온

7. 그 외의 신들

수많은 신들 중에는 아사신족이나 바나신족에 속하지 않는 신들도 있다. 그들은 다음과 같다.

1) 오스타라(Ostara) – 아침노을과 봄의 여신

오스타라(오스테리아)는 게르만 신화에서 풍요, 아침노을, 그리고 태양의 여신이다. 기나긴 겨울이 지난 후에 자연의 부활을 상징하는 봄의 여신이기도 하다.

오딘과 프레이야의 딸로 겨울의 얼음 거인들에 대항해 싸워 승리한다. 그로 인해 토르는 오스타라와 함께 봄의 진입을 축하할 수 있었다. 오스타라가 가장 좋아하는 동물과 동행인은 다산으로 유명한 토끼이다.

2) 란(Ran) – 바다의 여신

바다의 여신 란은 암울한 바다의 거인 아에기르의 아내이자 여동생이
다. 아에기르의 아홉 명의 딸들(그들은 파도의 화신으로 간주된다)의 어
머니인 란은 반은 인간이고 반은 물고기이다.

린다의 제국으로 익사한 사람들이 도착하면 란은 떠내려 온 사람들을
망으로 건졌다. 다른 죽은 이들은 헬의 죽음의 제국으로 간다. 바다의
궁전으로 온 죽은 이들은 황금으로 빛나는 산호동굴에서 밀주와 음식을
풍족하게 먹으며 호강한다. 때때로 란은 갑자기 배의 선원들을 약탈하
고 해저로 끌어들이기도 한다.

3) 린다(Rinda) – 땅과 풍요의 여신

땅의 여신 린다는 오딘의 아내들 중 한 명이다. 오랫동안의 청원 끝에
만물의 아버지 오딘이 그녀를 아내로 맞이하게 된 것이다. 오딘과 린다
사이에서 발리가 태어났으며 발리는 발드르의 죽음을 복수한다.

4) 솔(Sol) – 태양의 여신

태양의 여신으로서 솔은 알스비드와 아르바크라는 말들이 끄는 태양
전차를 타고 하늘을 난다. 솔은 아버지의 횡포 때문에 아사신족에 의해
그곳으로 보내졌다.

여신 솔은 하늘 위를 날면서 끊임없이 늑대 스퀼의 추격을 받는다. 늑
대는 신들의 황혼기까지 여신을 추격하다가 결국 솔을 잡아 삼켜버린
다. 하지만 솔은 늑대에게 삼켜지기 전에 새로운 세상에서 태양의 마차
를 다시 하늘 위로 끌게 될 딸을 낳는다.

5) 트루드(Thrudr) – 땅의 여신

토르와 시프의 딸 트루드는 밤의 난쟁이 알비스(Alvis)의 결혼상대자가 된다. 하지만 토르는 그 사실을 몹시 못마땅해 한다. 그리하여 토르는 밤의 난쟁이 알비스가 악의 없는 긴 대화에 걸려들게 한다. 밤의 난쟁이 알비스는 새벽의 첫 번째 태양빛을 받고 돌로 변해버린다.

6) 마니(Mani) – 달의 신

마니는 문딜파리(Mundilfari)의 아들이며 태양의 여신 솔의 형제이다. 마니는 하늘 위에서 말이 끄는 자신의 마차를 조종하는데 그때 늑대 하티(Hati)의 추격을 받는다. 하티는 신들의 황혼기에 달의 신을 추월하고 결국 마니를 삼켜버린다. 그때까지 빌드핀의 두 아이들 빌(하현달)과 휼키(초생달)는 마니의 동행이었다. 그들과 함께 마니는 세 가지 달의 변화를 만들어낸다.

7) 우르드(Urdr), 베르단디(Verdandi), 스쿨드(Skuld) – 운명의 여신들

우르드는 세 명의 노른(운명의 여신) 중 가장 연장자이며 과거를 대표하는 여신이다. 우르드의 여동생은 베르단디와 스쿨드로 그들은 우주수 옆 우르드의 샘 근처에 산다. 우주수 위그드라실은 운명의 샘에서 힘을 빨아들인다. 여기서 매일 아사신족이 모여 조언을 듣고 과거로부터 결말을 추론한다. 우르드는 오딘에게 그가 신들의 황혼기에 펜리스 늑대에 의해 죽게 될 것이라고 예언한다.

베르단디는 현재를 대표하며, 세 운명의 여신들 중 가장 어린 스쿨드는 미래를 대표한다. 숲속을 배회하길 즐기는 스쿨드는 인간들에게 초

대를 받아서 예언을 해달라는 부탁을 받는다. 스쿨드는 의자 위에 앉아
서 인간들이 자신의 마법 세이드르에 참여하도록 한다.

8. 가지각색의 신들

　게르만족의 세계에 신들만이 살았던 것은 아니다. 사람들이 상상하는 세상은 신들 외에도 부가적으로 다양한 다른 존재들이 살고 있었다. 대부분 삶의 특별한 상황에서만 볼 수 있는 그런 존재들이었다.

인간들이 사는 마을 근처, 집이나 정원, 목초지와 들판, 숲과 늪 가까이에는 요마(요정), 요괴 그리고 난쟁이들이 살고 있다. 구름과 빙산, 빙하와 산에는 거대한 거인들이 거주한다. 깨끗한 개울과 호수에는 물의 신령들과 인어와 물의 정령들이 우글거린다. 대체로 온화하고 인간들에게 도움을 주며 식량을 보존하는 일을 하는 집귀신들은 집을 지키며 산다. 수많은 땅의 꼬마요정들은 자기가 인간들의 근처에서 편안함을 느끼는 동안만 들판의 성장을 촉진시킨다. 꼬마요정들을 불쾌하게 만들면 모두 다른 곳으로 가버리고 그에 대한 결과는 수확의 실패로 나타난다.

이 모든 작고 큰 존재들이 사람들의 일상에 연관되어 있었다. 게다가 사람들에게 실질적인 도움을 주기 때문에 아사신족과 바나신족보다 훨씬 더 큰 역할을 하였다.

1) 코볼드(Kobolde)

코볼드 요괴는 재미있는 집귀신이다. 어린이들이 읽는 동화 속에 자주 등장하는데 용모와 복장이 난쟁이와 유사한 그들은 인간들의 마구간이나 곡창에서 거주하면서 집안일을 정리한다. 하지만 인간들의 눈에는 보이지 않는다. 코볼드는 아주 부지런하지만 일에 대한 대가를 요구한다. 그래서 그들을 위해 일정한 장소에 우유 한 사발 정도를 놓아둬야 하는 것이다. 사람들이 이러한 헌납에 소홀해지면 코볼드는 집을 떠나버리고, 코볼드가 떠난 집에는 불행과 불운이 찾아온다. 코볼드는 스스로의 선택으로 머물던 곳을 떠날 수 있으며 그 어떠한 물건이나 사람도

코볼드를 쫓지 못한다.

2) 인어(Nix)와 요마(Elfin)

물에는 언제나 신령한 존재들
이 둥지를 틀고 있다. 그들은 부
분적으로 인간과 비슷하고 부분
적으로는 동물과 비슷하다. 호수
와 강에는 대부분 요마들이 살고
있다. 반면에 강력한 힘을 가지
고 있는 바다에는 종종 물의 정
령으로 거인들이 이주한다. 아름
답고 여성적인 인어는 따스한 햇

덴마크 코펜하겐의 인어상

볕 아래에 앉아서 긴 금발머리를 빗질한다. 인어의 다리가 물고기와 같
은 꼬리로 이루어져 있다는 이야기는 독일인들의 믿음이라기보다는 선
원들의 구전에 의해 전해진 것이었다. 바다의 정령들을 위해 바다표범
이나 바다소류를 잡았던 사람들 말이다.

아름다운 목소리를 가진 인어들은 노래하는 것을 좋아한다. 그럼에도
불구하고 가끔 피가 흐르는 제물을 요구하기도 한다. 물에서 익사할 위
험에 처해 본 적이 있는 사람은 부드러운 손이 자신을 아래로 끌어당기
고 있다는 것을 느꼈을 것이다. 인어들은 아름다운 젊은이를 그들의 연
인으로 만들기 위해서 물속으로 끌어당기곤 한다. 남성인어들은 닉스
(Nix), 네크(Neck) 또는 뇌크(Noeck)라고 부른다. 아름다운 여성인어와
는 반대로 남성인어들은 늙었거나 못생겼으며 긴 수염을 가지고 있다.

여성인어들과 똑같지는 않지만 때때로 아름다운 여성을 물로 끌어당기기도 한다.

3) 숲과 들의 정령

숲과 들은 숲의 연인들, 삼림의 사람들, 늪의 사람들, 나무를 베는 사람들 그리고 협곡을 위한 수많은 정령들이 거주하는 곳이다. 숲이 자연 상태 그대로 보존되어 있으면 있을수록 그 안에 더 많은 난쟁이 또는 거인 같은 존재들이 머물 수 있다.

숲의 정령들은 병과 전염병의 확산에 영향을 미친다. 벌레나 독충의 형상을 하고 해를 입히는 정령들은 사람들의 몸 안으로 기어들어가 병을 일으킨다. 벌레가 몸 안에 들어온 사람들은 해로운 정령들이 깊은 숲 속으로 돌아가주기를 기원한다. 하지만 숲의 정령들은 비밀스러운 치료법을 알고 있어서 가끔 사람들에게 알려주기도 한다.

전설 속에 등장하는 용

4) 용

어마어마한 독을 가진 괴물은 전설 속에서 자연현상의 흔적을 통해 나타난다. 물과 안개, 구름, 유성의 불꽃, 암석 낙하와 화산 활동 등으로 용의 출현을 예측할 수 있다. 용은 금과 대리석으로 이루어진 보물 위에 누워 있으며 용이 움직일 때마다 땅과 사람들에게 해를 끼친다.

　용맹을 떨치고 이름을 알리고 싶은 옛날 영웅들이 가장 선호한 일은 이 용과 싸우는 것이었으며 용이 숨겨둔 보물을 발굴하는 것이었다. 중세까지 용과의 싸움에 관한 수많은 이야기들이 전해져 내려온다. 용들은 자연의 힘을 이용한 폭력과 함께 인간들의 특징인 시기와 질투, 욕심과 탐욕까지 가지고 있었다.

　전설에 따르면 파프나르(Fafnir)는 레긴(Regin)을 죽이고 라인의 황금(Rhein gold)를 약탈한 후에 용이 되어 보물의 파수꾼이 되었다고 한다. 결국 그는 지크프리트의 계략에 넘어가서 죽음을 맞는다.

?　알고 넘어가기

마녀와 악녀들의 특징은 기독교에 의해 계속 마녀들의 특징으로 전수됐다.

트롤

5) 마녀와 마법사들

고대 독일어에서는 종종 악녀, 마녀, 마법사와 같은 의미가 있는 마녀를 접하게 된다. 사람들에게 적대적인 숲의 여인은 목재 안에서 살았다. 그래서 북쪽 언어에서는 마녀 같은 정령들을 트롤(Troll)이라고 불렀고 또한 트롤여성이라는 표현도 생겨났다.

6) 늑대인간

옛날부터 게르만족들에게는 늑대인간(베어볼프)에 대한 믿음이 널리 퍼져 있었다. 그것은 다양한 영혼의 일반적인 상상에서부터 기인한다. 베어볼프(Werwoelfe)는 남자늑대를 의미하는데 북쪽 언어에서는 바르굴프(Vargulf) 또는 바룰프(Varulf)라고 한다. 원래 게르만 북쪽 전설의 광포한 사람(전사)들도 베어볼프에 속했던 듯하다.

광포한 사람들은 갑작스럽게 분노를 폭발하는 경향이 있는 사람들이다. 분노가 폭발한 상태의 그들은 야생동물들처럼 행동하며 초자연적인 힘을 내게 된다. 불과 강철에도 상처를 입지 않는다. 게다가 그들을 저지하는 어떠한 것에도 해를 입지 않는다.

9. 거대한 거인

거인들은 태어날 때부터 자연의 잔혹한 파괴력, 광포함, 암울함 그리고 적대감의 화신으로 태어난다. 대부분의 거인들은 악의를 가지고 있으며 파괴를 일삼고 세상을 위협하며 신들과 인간을 적대시한다.

게르만 신화에서는 일련의 거인 형상들이 있다. 예를 들면 불의 거인, 얼음 거인, 물의 거인과 돌의 거인들이다. 그들은 북쪽의 얼음덩어리, 폭풍우 그리고 악천후 속의 산과 바다에 산다. 그들의 거칠고 난폭한 성질 때문에 인간에 대한 관계도 순수하지 않다. 한편으로는 아사신족과 바나신족의 깊은 대립이 이어지며 다른 한편으로는 거인들의 대립이 신들의 황혼기까지 지속된다.

게르다(Gerda)

너무나도 아름다운 거인 게르다는 풍요의 신 프레이(프로이)의 아내이다. 게르다는 처음에 결혼을 강하게 거부했다. 하지만 스키르닐이 그녀에게 결혼을 하지 않으면 빨리 늙게 만들어버리겠다는 저주를 퍼붓자 그제야 겨우 결혼을 승낙하게 된다.

수르트(Surt)

불의 거인 수르트는 황혼의 시기에 세상을 불태우고 무지개다리 비프로스트를 무너뜨린다. 신, 거인, 괴물, 난쟁이, 요괴, 동물 그리고 인간들이 이 화염에 휩싸여 목숨을 잃는다.

베르겔미르(Bergelmir)

오딘, 베 그리고 빌리가 원시거인 이미르를 죽일 때 모든 서리 거인들은 이미르의 피에 빠져 죽는다. 이때 베르겔미르와 그의 아내가 구출되어 거인 종족은 생명을 유지할 수 있었다. 그들은 우트가르드에 산다.

트림

스크리미르(Skrymir)

얼음의 거인 스크리미르는 우트가르드로 가는 토르, 로키 그리고 티알피(Thialfi)를 머물게 해준다. 스크리미르는 너무나도 거대해서 세 명 다 그의 장갑 엄지손가락 안에서 잠을 잘 수 있었다.

트림(Thrym)

얼음 거인 트림은 토르의 망치 묠니르를 훔쳐내어 그것을 여신 프레이야와 교환하려 한다. 하지만 트림은 신부로 변장한 토르의 계략에 걸려들게 되고, 망치를 다시 되찾은 토르는 망치를 손에 넣자마자 트림을 죽여버린다.

바프트루드니르(Vafthrudnir)

가장 현명한 얼음 거인의 대표가 바프트루드니르이다. 왜냐하면 바프트루드니르는 죽은 이들에게 조언을 구하였기 때문이다. 이러한 지식을 얻기 위해서 바프트루드니르는 한동안 죽어 있기도 하였다. 머리가 6개인 원시거인은 혹한의 거인이자 서리의 거인으로 여겨진다.

이미르(Ymir)

북쪽 창세기에 나오는 원시거인은 긴눙가가프의 영원한 얼음에서 유래되었다. 불의 거인이자 최초의 생명체인 수르트가 자신의 불의 검으로 얼음에 불을 던진다. 얼음은 녹고 물방울은 거대한 이미르를 형성한다. 오딘과 그의 형제들은 나쁜 거인을 살해하고 그의 시체를 이용해 세상을 만든다.

군뢰트(Gunnloed)

거인 수퉁(Suttung)의 딸 군뢰트는 산에서 스칼데의 밀주가 담긴 세 개의 주전자를 지킨다. 스칼데의 밀주는 그것을 마신 모든 이에게 노래하고 시를 지을 수 있는 재능을 부여한다.

만물의 아버지 오딘은 밀주에 접근하기 위해서 스칼데를 꾀어내려고 한다. 거인으로 변신한 오딘은 군뢰트를 유혹하고 사랑에 빠진 군뢰트는 오딘에게 밀주

군뢰트와 오딘

를 선사한다. 오딘은 세 번 방문하면서 그때마다 모든 주전자를 비워버린다. 오딘은 그 후 독수리로 변신하여 아스가르드로 날아가서 다른 신들에게도 이 음료를 먹어보라고 권한다.

게이로드(Geirroed)

거인 게이로드와 그의 두 딸 걀프와 그레이프는 게르만 신화에서 토르신의 가장 위험한 적수로 손꼽힌다. 로키의 계략에 넘어간 토르는 자신의 망치 없이 게이로드와 그의 딸들에 대항해서 싸워야만 했다. 하지만 다행히도 토르는 결투를 하기 전에 거인 그리드의 도움을 받아 마법의 힘으로 무장하고 있었기 때문에 게이로드와 그의 딸들을 압도할 수 있었다.

흐룽니르(Hrungnir)

돌로 만든 방패를 가진 흐룽니르는 서리 거인들 중에서 가장 강하고 두려운 존재로 여겨졌다. 그의 머리와 심장은 돌로 이루어져 있었다. 신화에 따르면 흐룽니르와 오딘은 누가 가장 빠른 말을 가지고 있는지 서로 다투었다고 한다. 오딘은 8개의 다리를 가진 말 슬레이프니르를 타고 경주에서 승리한다. 하지만 거인 왕 흐룽니르의 말은 달리기를 멈추지 않고 그대로 아스가르드로 들어간다.

흐룽니르는 아사신족의 향연에 참여하게 된다. 술에 취한 거인 흐룽니르가 프레이야와 시프를 납치하고 모든 아사신족을 죽이겠다고 위협하자 연회의 축제 분위기는 엉망이 되어버린다. 그로 인해 흐룽니르와 토르의 결전이 이어지고 결국 거인 흐룽니르는 토르의 손에 죽임을 당한다.

머리가 6개인 물의 거인 트루드겔미르는 최초의 서리 거인이다. 아우둠물라의 젖을 배불리 먹고 잠에 빠진 원시거인 이미르는 그의 옆에 수르트의 검의 불꽃이 떨어지는 것을 알아채지 못했다. 불꽃이 너무 뜨거워서 이미르는 땀을 흘리기 시작했다. 그의 땀에서 트루드겔미르가 태어난다.

또 다른 신화에 따르면 이미르가 자신의 발을 서로 결혼시킴으로써 트루드겔미르를 낳았다고 한다.

10. 난쟁이

난쟁이들은 원래 산 속에 거주하며 종종 저승인으로 표현된다. 산의 신령, 땅귀신, 광산대장장이, 요마라고 표현되기도 한다. 난쟁이들은 거의 기형이며 머리가 크고 회색수염에 창백한 낯빛을 띠고 초라한 옷을 입고 있다. 난쟁이 왕만이 화려한 장식으로 치장하고 있다.

난쟁이들은 첫 번째 태양빛을 받으면 돌로 변한다. 그렇기 때문에 밤에만 돌아다닌다. 그들은 대리석과 광석을 채굴하여 보석으로 가공한다. 병기제작자로서도 아주 뛰어난 기술을 가지고 있다. 난쟁이들은 광부를 놀리는 것도 매우 좋아한다. 신화에서 언급되는 수많은 무기와 마차들은 대부분 난쟁이들이 만든 것이다.

신화에 따르면 오딘과 그의 형제들이 이미르의 시체에서 꾸물거리는 구더기로 난쟁이들을 만들었다고 한다. 아름답고 선한(빛의 요마) 난쟁이와 못생기고 악의가 가득한(검은 요마) 난쟁이들이 있다. 난쟁이들은 뛰어난 수공예자로 간주되며 현명한 지혜를 지니고 있다.

알비스(Alvis)

알비스는 오딘의 계략에 넘어갔다. 알비스가 제작한 무기에 대한 대금으로 신들은 그에게 토르의 딸 트루드를 아내로 맞이하게 해주겠다고 약속한다. 그러나 토르는 그 사실을 기뻐하지 않았으며, 난쟁이 알비스와 자기 딸의 결혼을 막기 위해서 알비스에게 지식 테스트를 감행한다. 토르는 알비스에게 해가 뜰 때까지 질문을 던진다. 끝나지 않는 지식 질문의 덫에 걸린 알비스는 첫 번째 태양의 빛을 쬐어 돌로 변해버려서 제시된 질문에 더 이상 답하지 못하게 된다.

안드바리(Andvari)

로키는 폭포에 살고 있는 가장 부유한 난쟁이를 잡아서 그가 가진 황금을 모두 다 내놓으라고 협박한다. 또한 황금을 만들어낼 수 있는 마법의 반지 안드바리도 빼앗으려 한다. 난쟁이는 반지를 끼는 모든 이들이 죽음을 맞도록 반지에 저주를 걸어두었기 때문에 이 반지는 후에 수많은 분쟁의 원인이 된다. 반지는 파브니르(Fafnir)와 시구르(Sigurd)에 관한 니벨룽겐 전설의 일부가 된다.

파브니르(Fafnir)

자신의 아버지 로키처럼 파브니르도 안드바리 반지에 걸린 저주의 희생양이 된다. 파브니르는 아버지인 로키를 죽이고 황금보물을 빼앗아

도망간다. 파브니르는 결국 용으
로 변신한다. 몇 년 후에 영웅 지
크프리트(니벨룽겐의 전설)가 용
파브니르를 죽이고 저주받은 반
지를 손 안에 넣는다.

이발디(Ivaldi)

난쟁이 이발디는 이둔의 아버
지이며 유명한 대장장이다. 그는
오딘의 강력한 창과 시프의 아름

지크프리트 동상

다운 황금머리카락을 만들어내었다.

알프리그(Alfrigg)

알프리그는 프레이야의 목걸이를 만든 4명의 대장장이 중 한 명이다.
오딘의 아내인 여신 프레이야는 이 값진 보물을 얻기 위해서 알프리그
와 난쟁이인 베를링(Berling), 드발린(Dwalin), 그레르(Grerr)와 각각 하
룻밤을 보내야만 했다. 이 중에서 드발린은 해를 너무 보고 싶어 한 나
머지 햇볕을 쬐어 돌이 되어버린 난쟁이이다.

노르디(Nordi), 아우스트리(Austri), 수드리(Sudri), 베스트리(Vestri)

노르디, 아우스트리, 수드리, 베스트리, 이 4명의 난쟁이들은 하늘의
네 방향을 대표한다. 그들 각각이 세상의 끝에서 이미르의 해골덮개를
받쳐야만 한다. 오랜 옛날 아사신족이 이미르의 해골로 하늘의 천장을

만들었다.

11. 축제

 사람들의 삶은 자연에서 일어나는 모든 것과 밀접한 관련을 맺고 있다. 춘분이나 추분처럼 낮과 밤의 길이가 같은 날이 중요한 의미를 가지듯이 게르만인의 달력에서 하지와 동지가 중요한 축제일이 되었다는 것은 어찌 보면 당연한 일일 것이다. 하지만 여기서 가장 인상적인 것은 생성과 소멸의 상호작용이 나타난다는 것이다. 겨울의 시작과 여름의 시작까지 거대한 축제들이 자주 거행된다. 가을 집회와 봄 집회를 위해 도처에서 사람들이 몰려온다. 신들을 경배하기 위해서, 재판을 하기 위해서, 즐기기 위해서, 그리고 싸움의 우위를 가리기 위해서. 정규적으로 거행되는 종족 모임인 집회는 신성한 의식이다. 인간들은 그 의식을 통해 신들에게 올바른 조언을 구한다.
 한겨울에 거행되는 거대한 축제 율(Jul)은 12월 1월에 거행되는데, 축제가 열리는 열두 밤(성탄절 이브와 동방박사의 경배) 동안 이상한 일들이 벌어진다. 정령들이 활발히 움직이고, 마왕의 군사가 이동한다. 그렇기 때문에 인간들은 이 날 신들에게 수많은 제물을 바치면서 위험을 피해가려고 한다.
 여신 오스타라를 경배하기 위한 일 년 중 네 번째로 거대한 축제는 초여름에 거행되었다.

기독교는 이교도의 축제일을 전수받았지만 거기에 다른 이름을 부여하였다. 크리스마스는 율(Jul), 부활절은 초여름축제, 오순절은 봄의 제식에서 비롯되었으며, 가을의 제식은 모든 성인의 날을 기리는 축제일에 개최되었다.

註 ─────────────

1) 고대 게르만 문자. 루네 문자는 24개의 길쭉한 막대기 모양의 기호들로 이루어져 있다.

2) 북유럽 여러 나라에 전해 오는 신화. 오래 전부터 이 지역을 지배해 온 게르만 민족이 공유한 이야기이다. 《에다 *Edda*》라고 하는 중세의 사본에 전한다.

3) 스칸디나비아와 스코틀랜드의 전설에 등장하는, 인간과 비슷한 모습의 거인족이다.

4) 북유럽 신화에서 주신(主神)인 오딘을 섬기는 싸움의 처녀들. 그 이름은 '전사자를 고르는 자'란 뜻이다.

5) 거대한 물푸레나무로 우주를 뚫고 솟아 있어 우주수(宇宙樹)라고도 한다.

6) 1000년경에 쓰인 서사시로 우주 창조 이야기를 들려준다.

7) 북유럽의 신화에 나오는 세계의 남쪽 끝에 있다고 생각되는 폭염(暴炎)의 나라

8) 거인 로키의 아들. 세계의 적. 오딘의 대적자이자 그를 삼키는 입 큰 늑대

9) 북유럽 신화에 나오는 청춘의 여신. 신들은 이둔이 가지고 있는 사과를 가끔 먹음으로써 언제까지나 빛나는 젊음을 간직했다고 한다.

10) 인간의 나라 미드가르드를 둘러싼 대해(大海) 저편에 있으며 얼음과 눈으로 덮인 나라로서 거인들이 살고 있다.

부록 – 세계사 연대표

BC	1500	1400	1300	1200	1100	1000	900	800	700	600

GREEK

BC 2000-1400-크레타 중심
1600-1200-미케네 중심
1250년 전후-트로이 전쟁

에게문명

BC 약 900년 경
-시인 호메로스
《일리아드》, 《오딧세이아》

그리스 중세 (암흑기)

BC 776년
제1회 올림피아
경기대회

아르카익기

ROME

BC 753
-(전설에 의하면)
로마건국
1대 로물루스~
7대 타르퀴니우스

로마왕정(BC 753~510)

EGYPT

파라오의 시대
약 BC 1353-1322 제18왕조/아크나톤, 네페르티티, 투탕카멘 등
약 BC 1322-1200 제19왕조/람세스Ⅰ, Ⅱ

신왕국시대 (BC 1555~1090)

정치, 문화적 혼돈기

제3중간기 (BC 1090~712)

후기왕조시대
(BC 712~525)

CHINA

중국 주왕조 (BC 1046-BC 256)

500	400	300	200	100	0	100	200	300	400	500	600

BC 330–알렉산드로스 소아시아 정복
323–알렉산드로스 대왕 사망

BC 168–마케도니아 왕조 멸망
로마의 속주가 되다

고전시대

헬레니즘시대

포에니 전쟁(1차 : BC 264~242, 2차: BC 218~202, 3차: BC 149~146)
BC 58~51년 카이사르 갈리아 지방 정복
삼두정치 (카이사르, 크라수스, 폼페이우스)

AD 313–콘스탄티누스
황제의 밀라노 칙령
AD 476–
서로마 제국 멸망

공화정시대 (BC 510~29)

제정시대 (BC 29~AD476)

제27대 왕조시대에
페르시아의 아케메네스
왕조에게 정복당함
이집트의 국력이 소진됨

BC 330–알렉산드로스 대왕 이집트 정복 / 알렉산드리아 건설
BC 305–BC 30–프톨레마이오스 왕조

**페르시아 지배기
(BC 525~332)**

로마 및 비잔틴 시대 (BC 332–AD638)

스키타이족 발흥 (BC 7C)

붓다 열반 (BC 483?)

공자 서거 (BC 479)

중국 전국시대 (BC 403–BC 211)

진시황 천하통일 (BC 221)

중국 한제국 건설 (BC 202)

중국 5호16국시대 (AD 304–439)

그리스 신과 로마 신의 이름 대조표

그리스 이름	로마 이름	영어 이름
크로노스 Cronos	사투르누스 Saturnus	새턴 Saturn
레아 Rhea	키벨레 Cybele	시빌레 Cybele
제우스 Zeus*	유피테르 Jupiter	주피터 Jupiter
헤라 Hera*	유노 Juno	주노 Juno
포세이돈 Poseidon*	넵투누스 Neptunus	넵튠 Neptune
하데스 Hades	플루톤 Pluton	플루토 Pluto
데메테르 Demeter*	케레스 Ceres	세레스 Ceres
헤르메스 Hermes*	메르쿠리우스 Mercurius	머큐리 Mercury
헤스티아 Hestia	베스타 Vesta	
헤파이스토스 Hephaestos*	불카누스 Vulcanus	벌컨 Vulcan
아폴론 Apollon*	아폴로 Apollo	아폴로 Apollo
아프로디테 Aphrodite*	베누스 Venus	비너스 Venus
아르테미스 Artemis*	디아나 Diana	다이애나 Diana
아레스 Ares*	마르스 Mars	
네메시스 Nemesis	포르투나 Fortuna	포천 Fortune
디오니소스 Dionysos*	바쿠스 Bacchus	바커스 Bacchus
에로스 Erōs	큐피드 Cupid	큐피드 Cupid
아테나 Athēna*	미네르바 Minerva	
프시케 Psyche	프시케 Psyche	사이키 Psyche
에오스 Eos	아우로라 Aurora	오로라 Aurora
헬리오스 Helios	솔 Sol, Sola	
셀레네 Selene	루나 Luna	
레토 Leto	라토나 Latona	

※ *는 올림포스 12신
※ 헤스티아는 기원전 5세기경 디오니소스가 올림포스의 신으로 추앙되자 올림포스 12신에서 탈락되었다.

그리스 신화(가나다 순)

로마 신화 (가나다 순)